一食献立による
調理実習25 第2版

永嶋久美子
福永 淑子 著

日本食品
標準成分表
2015年版(七訂)
準拠

第2版の発行にあたって

　「日本食品標準成分表2015年版（七訂）」（文部科学省 科学技術・学術審議会 資源調査分科会報告．以下，「成分表2015年版（七訂）」）は，収載食品の充実，炭水化物等の収載成分の充実，数値の再検討等，大幅な改訂がなされた．それにともない，本書も「成分表2015年版（七訂）」に準拠したものへと見直す必要が生じ，今回の改訂に至った．

　2005年以降，「食育基本法」の制定，「栄養教諭制度」の創設，「食事バランスガイド」の公表など，食に関するさまざまな制度が創設されてきた．その背景には，やせや肥満，孤食の増加，朝食の欠食などの食生活の乱れ，生活習慣病の低年齢化など，さまざまな問題が生じてきた．これに伴って食育の必要性がますます高まってきた．

　そのような中，本書は2007年1月に刊行された．著者らは本書を単なる調理方法や技術習得だけでなく，食事を構成する一食当たりの献立を計画すること，献立が主食，主菜，副菜，汁物などから構成されていることを調理学実習の学修の中から学ぶことを目的として編集をしてきた．現在，「食育基本法」が施行されてから10年が経過し，食育も周知から実践力を身につけることへ重点を置かれるようになった．本書を主に活用するであろう，栄養士，管理栄養士など食に関わる方々が，将来の健康やQOLの向上を目指した食育の実践力を高める献立計画や食育指導を行うためには，調理技術の向上はもとより，献立構成力，献立計画力の向上が求められる．さらに，その献立を通じて対象者が，食に対する興味や関心を高め，食を楽しみ，自己管理できる能力を高めようとする意欲向上へとつながる企画力，発展力が求められるようになった．それだけ，栄養士，管理栄養士，栄養教諭などの力が求められる時代に変化してきた．本書が調理における基礎力を身につけるだけにとどまらず，食を通じた健康づくりや食を担う力の向上など様々な場面で活用されることを願っている．

　本書の改訂では，栄養量の見直しだけでなく，調理方法等の見直しも同時に行ったが，本書をより充実した実習書に発展させるためにも，ご活用いただいた方々からのご批判，ご教示，忌憚のないご意見をいただけると幸いである．

　最後に，本書の改訂にあたっては，医歯薬出版株式会社の皆様に多大なるご尽力をいただきました．心から御礼申し上げます．

2016年3月

執筆者

まえがき

　本書は，調理学実習の基礎的な調理技術，理論の習得を目的として編集した．

　近年の生活習慣病の増加や若年化は社会的に大きな問題となっている．日本人の食事摂取基準（2005年版）においても生活習慣病予防をとくに重視しており，2005年に公表された食事バランスガイドでは，生活習慣病予防や健康の維持増進という観点から，1回の食事または1日に「何を」「どれだけ」食べたらよいかという食事の基本が身につくように解説されており，バランスのとれた食生活を実現することの重要性が示されている．

　本書は，「料理」という実習単位から「食事」という実習単位で構成し，1回の実習を1回の食事，すなわち献立とすることで，実習をとおして望ましい食事の構成を理解し，生活習慣病予防につながる食事を学べるように構成した．

　献立では1人分の分量表示とし，調味料などの分量は可能な限り割合（パーセント）による表示をした．そのことにより調理対象人数の増減への対応，再現性の高い調理が可能となるため，少量調理から大量調理への応用が容易であり，給食施設に従事する方々にも利用しやすいものとした．

　調理の対象者は健康な人々だけでなく，食事療養（食事療法，治療食など）が必要な人々についても考慮する必要がある．成分別栄養管理においては，バランス食で制限のない食事（常食）から展開されることが多い．本書の献立は健康な人を対象としているが，応用として食事療養を対象とした例も掲載した．また，調味パーセント表示により調味料の増減を容易に行えるため，食事療養への展開が行いやすく，臨床栄養の現場においても活用することが可能と思われる．

　このように，本書は調理学実習だけにとどまらず，大量調理，臨床栄養の献立にも活用できることが特徴である．栄養士・管理栄養士養成施設だけでなく，給食施設および臨床栄養に関連する施設においても活用の場が広がり，調理学実習を通じて「調理」だけにとどまらない広い視野からとらえることができる能力が養われることを期待している．

　調理することは単にレシピの学習ではなく，食べる人の顔または気持ちを考えながら食事を作ることが非常に大切なことでもある．おいしく楽しく食べていただけると，再度作る意欲も湧いてくる．意欲があると調理技術の上達も早くなる．このように，楽しく，バランスのとれた，おいしい食事のための調理実習書として本書が利用されるならば，このうえない喜びである．

　著者らはまだまだ浅学のため，不備な点や意を尽くせなかった点も多々あるが，読者の方々，諸先生方のご批判，ご叱正，ご指導をいただけると幸いである．今後一層の研究を重ね，よりよい実習書へと発展させていきたいと考えている．本書を執筆するにあたり参考にさせていただいた多くの著書・文献の著者の方々には心から謝意を表したい．

　おわりに，本書を企画するにあたり，懇切なご助言，ご指導をいただいた古川英先生ならびに諸先生方に感謝の意を表するとともに，出版にあたりご配慮くださった医歯薬出版株式会社編集部に厚くお礼申し上げる次第である．

2006年11月　　　　　　　　　　　　　　　　　　　　　　　　　　　　　　　　執筆者

本書の使い方

❶ 本書の構成

　本書は日常食を中心とした調理技術・食品素材の特性とその扱い方，食事に関する基礎を総合的に学ぶことを目的に編集した．さらに次頁の図に示すとおり，実習を通じて献立作成から少量調理，大量調理，食事療養などにも活用の幅が広がり，豊かな食生活を営むための調理技術などを習得できるように構成した．

　日本料理においては基本的な日常の献立を中心に，西洋料理ではフランスを中心とした日常食を中心に，中国料理では日常的な献立から飲茶を中心に構成し，その他として各国料理の四部から成っている．

❷ 実習の内容

　実習の内容は，一食，一献立で構成し，実習回数を重ねるごとにレベルアップを図ることができるように配慮した．

❸ 献立の表示

　献立の表示は，日本料理においては日常食を基本としているため，主食，汁物，主菜，副菜，デザートの表示順とし，西洋料理，中国料理においては各料理のコースにおいて食する順に表示した．

❹ 学習テーマ

　各実習における学習テーマを設定し，実習から学ぶことができる調理技術および調理の理論を確認することで学習効率を上げる工夫をした．

❺ 分量の表示

　分量の表示は，原則として1人分のgおよびmlの表示とした．これにより，1人分の適量を学ぶことができ，対象人数の増減があった場合でも対応しやすいこと，少量調理から大量調理への展開がしやすいことなどが考えられる．ただし，型を使用する場合や作りやすい分量がある場合には，それらに合わせた分量で表示してある．

❻ 調味料の表示

　調味料などは可能な限り調味パーセントによる表示をした．そのことで，調味率の基本を実習を通じて学ぶことができ，大量調理への応用が可能になる．そのため，給食施設における献立作成や食事療養における献立作成においても成分別栄養管理などに活用することができる．

❼ 実践への応用

　実践力向上のため各献立には応用が示されており，食材を変えることによるバリエーションや，旬の食材を使った応用について示している．献立の幅を広げる能力を養う工夫をし，食事療養へ

の展開が可能なようにポイントを示している．

8 調理理論などについて

"point & study" において，各料理および調理方法における調理科学的な根拠や原理を示し，予習，復習に役立つようにした．これにより，理論に基づく実習，応用・展開が可能になると考えられる．レポートやノート作成時に活用されたい．

さらに，料理の特徴，由来などを示し，より理解を深められるようにした．

9 栄養量について

各料理ごとに1人分の栄養量を，「日本食品標準成分表 2015 年版（七訂）」に基づいて算出し示した．日本料理，西洋料理，中国料理および各国料理の特徴ある栄養量について把握し，献立作成に活用されたい．

調理に関わる関連図

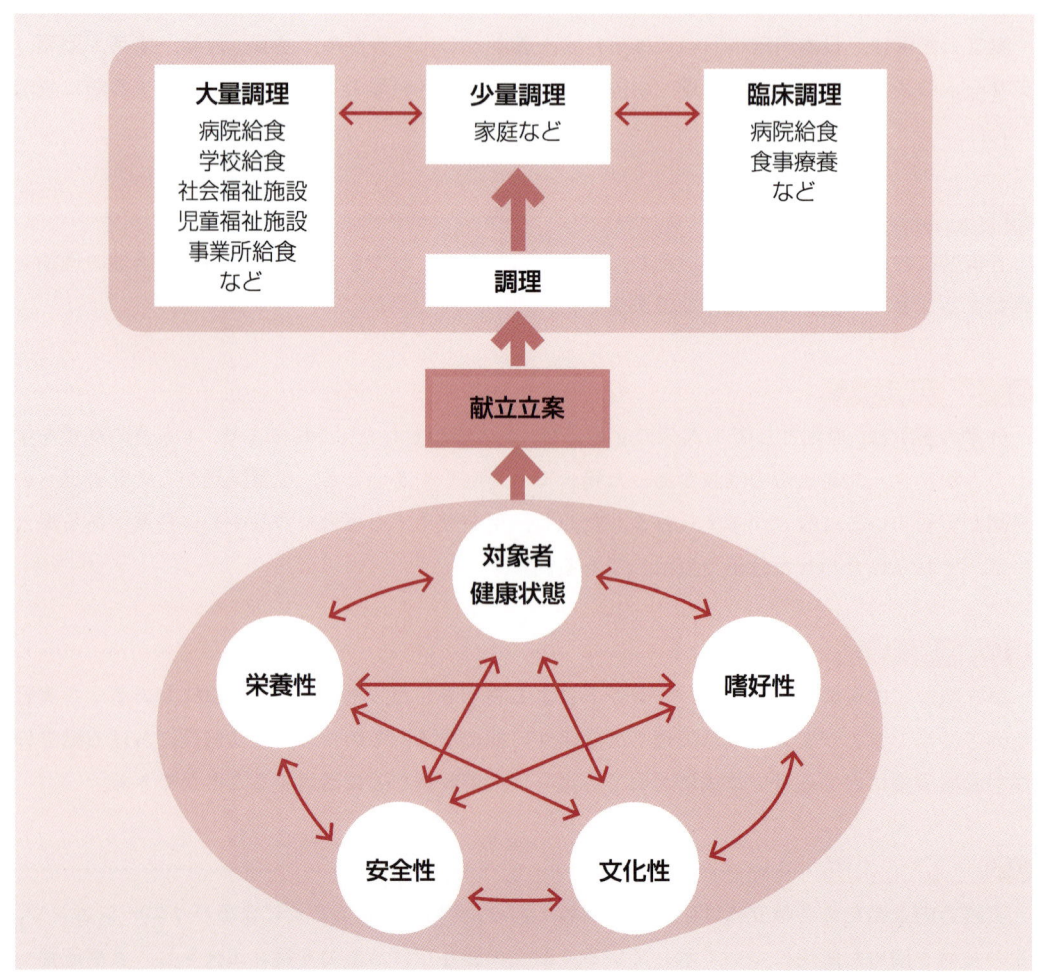

目 次

一食献立による 調理実習25 第2版

● 調理学実習の基礎　1
- 1. 調理の目的と意義　1
- 2. 調理学実習の心得　1
- 3. 調理の準備操作　2

● 調理の基本　3
- 調味の割合　3
- 調味の基準　3
- 食品重量表　4
- 食品の概量　5
- 食材の切り方－日本・中国・西洋料理対応表　6
- 乾物のもどし方　6
- 調理温度と時間　7
- し好温度　7

日本料理　9

- 日本料理の特徴　10
- 実習1　白飯／吉野鶏のすまし汁／茶碗蒸し／ほうれん草のごま和え　11
- 実習2　塩味飯／炊き合わせ／酢の物　18
- 実習3　赤飯／村雲汁／あじの姿焼き／筑前煮　23
- 実習4　ゆかり飯／三州みそ汁／厚焼き卵／いかとわけぎのぬた　30
- 実習5　麦飯／てんぷら／かぼちゃの含め煮／豆腐の田楽　35
- 実習6　五目炊き込みご飯／締め卵の清汁／白和え／水羊羹　41
- 実習7　親子丼／かつおのすり流し汁／わらび餅　46
- 実習8　ちらし寿司／蛤の潮汁／葛桜　50
- 実習9　七夕そうめん／白玉あんみつ　55
- 実習10　田作り／伊達巻き／栗きんとん／紅白なます／松風焼き／黒豆／かずのこ／昆布巻き　59

目 次

西洋料理 67

西洋料理の特徴 68
実習11 サンドウィッチ／グリーンサラダ／スコン／紅茶 69
実習12 コンソメジュリエンヌ／プレーンオムレツ／カスタードプディング ... 78
実習13 じゃがいものポタージュ／にじますのムニエル／ワインゼリー ... 84
実習14 マカロニグラタン／フルーツサラダ／レモンピールケーキ 90
実習15 ビーフストロガノフ／マセドアンサラダ／ブッシュドノエル 95
実習16 ローストチキン／フルーツパンチ 102

中国料理 107

中国料理の特徴 108
実習17 糖醋魚／四宝湯／杏仁豆腐 110
実習18 涼拌海蜇皮／青椒牛肉絲／魚丸子湯／炸菊花餅 115
実習19 麻婆豆腐／蕃茄蛋花湯／什錦炒飯／抜絲白薯 120
実習20 雲白肉片／乾焼明蝦／牛奶玉米湯 125
実習21 涼拌芹菜豆芽／果粒蝦仁／餛飩湯／肉包子 129
実習22 蝦仁吐司／涼拌黄瓜／豆腐蛤蜊羹／餃子・鍋貼／西貢米凍 134

各国料理 139

実習23 ラタトゥユ／エリンギのスパゲテイ／鶏もも肉の香草焼き／ガスパッチョ ... 140
実習24 トマトの前菜／エジプト豆の煮込みスープ／えびのマリネ／パプリカのサラダ／
チュロス 144
実習25 ポピア・ユアン・ソッド／ソム・タム・タイ／パップン・ファイデーン・ムー／
トム・ヤム・クン 148

●付表－野菜の切り方，魚のおろし方 153
●参考図書 157

調理学実習の基礎

調理の目的と意義

　調理とは，食品に必要な処理を施して食べることができるようにすることである．献立立案，調理素材（食品）の選択・入手，準備的調理操作（下ごしらえ）を経て，加熱調理，調味，盛り付け，配膳，供食までの総合的な過程も含んでいる．調理の目的は，①いろいろな食品を組み合わせることで栄養効率を高め，②食品を衛生上安全なものにし，③おいしい食べ物にし，④消化をよくすることである．そのためには，目的に合った調理器具を用いて食品に手を加えることである．これを調理操作という．

　調理操作は代々，伝承技術として受け継がれ，経験によって調理のこつを会得してきたが，近年の調理科学の研究成果によって調理操作のこつが科学的に解明され，調理操作の習得が容易になってきた．しかし，これら調理技術を会得するには，調理操作の科学的知識を基礎として，食品のもつ栄養価や性質などを理解し実践することである．

　調理は食べるための手段であると同時に，生活に楽しみやうるおいを与えるものである．また，教養・趣味の対象でもある．近年の，食育基本法の施行や栄養教諭制度の創設により，幼少期から食や調理に接する機会が増加することが予想される．さらに，高齢者における食形態の研究などが進み，ライフステージに応じた食事や調理方法，食への関わり方が変化している．今後はさらにライフステージに応じて食品の選択，調理方法，配膳方法などを工夫することが求められている．

調理学実習の心得

1）実習に入る前に

(1) 予習：実習の目的，調理上のポイント，手順の確認．調理理論を把握しておく．
(2) 身支度：清潔な着衣を身に着ける．爪は短く切り，マニキュア，アクセサリー類はつけない．手指の洗浄を十分に行う．
(3) 調理台：必要な食品材料と分量の確認．必要な調理器具の準備．

2）調理工程中

(1) 食品材料の準備：廃棄部（不可食部）を除く，洗う，切る，計る，茹でるなどの主工程の前段階の操作を行う．
(2) 調理の主工程：各食品材料の加熱温度と時間，調味料などの割合，調味のタイミングなどを

理解する．
(3) 盛り付け，配膳：試食時の料理の温度，美しい盛り付けの工夫，料理と器のバランス，各国の料理様式などに配慮する（正しい配膳）．
(4) 実習中の態度：作業の分担や協力，研究的な姿勢，積極的な実習態度，作業の安全および衛生を心がける．

3）試食と実習後の整理整頓

(1) 観察と考察：実習の目的，調理上のポイント，手順を把握できたか．調理品の色，味，香りの評価など．
(2) 食事作法：食事作法を心得た試食ができたか．
(3) 後片付け：食器，調理器具の洗浄，乾燥と収納．布巾の洗浄，消毒，乾燥．調理台の整備，廃棄物の処理，調理室などの清掃．

4）反省と記録

(1) 実習のポイント：実習内容の再確認および科学的なポイントと技術的なポイントについて整理する．
(2) 反省，応用：実習の目的が達成されたか．調理法および献立の応用について整理する．
(3) 参考文献：実習内容に関連した内容を調べる．文献の著者，書名（または雑誌名，巻），頁，発行所，発行年を記録する．

調理の準備操作

　合理的かつ再現性のよい調理を行うためには，適正な食品材料の選択と正しい計量が重要である．調理操作においては温度，時間の測定が料理のでき上がりに大きく影響する．
　計量スプーン，計量カップによる食品の計量においては，容量と重量の関係を「調理の基本」の重量表（p.4）を用いて把握しておくとよい．また，計量スプーンや計量カップによる計量は，形や計り方によって多少の差が生じるので，正しい計量方法を身につける必要がある．
　調理の温度と時間の測定は，料理のでき上がりを左右する．各食品の質や量，大きさ，加熱器具の材質，構造，大きさ，熱源の種類や加熱温度を考慮する必要がある．また，供食の際に適温であることもおいしく感じる要素であるため，喫食時のし好適温にも注意して調理する必要がある．し好温度などの例については「調理の基本」（p.7）を参考にされたい．

各種計量器具

	計量器具
重量	上皿自動秤り（1〜2 kg など），直示上皿天秤
容量	計量カップ（200 ml，500 ml，1 l など），計量スプーン（5 ml，15 ml）
温度	温度計（アルコール温度計，水銀温度計，調理器具の温度計）
時間	タイマー，時計，ストップウォッチ

調理の基本

● 調味の割合

1．調味パーセント

調味パーセントとは，材料の重量に対しての調味料，主に塩分や砂糖分の割合を表したもの．

$$調味\% = \frac{調味料の重量}{材料の重量} \times 100 \qquad 調味料の重量 = \frac{材料の重量 \times 調味\%}{100}$$

2．塩分・糖分の換算

しょうゆやみそで必要な塩味をつけるには，塩分の換算が必要となる．甘味についても同様である．

塩分の換算

	食塩	しょうゆ	みそ（辛）	みそ（甘）	白みそ
食塩含有量(%)	99	15	10〜13	6〜8	2〜3
使用量の概算比	1	6〜7	8〜10	13〜17	30

塩分％をしょうゆ量に換算するためには，しょうゆの食塩量が約15％であるので，食塩の約6〜7倍のしょうゆを用いるとよい．

糖分の換算

	砂糖	みりん
糖分含有量(%)	99.1	31.5
使用量の概算比	1	3

みりんの糖分含有量は約30％なので，みりんと同じ甘味にするには，砂糖はみりんの1/3量用いるとよい．

● 調味の基準

塩味濃度の基準

調理	食塩濃度（％）
吸い物，スープ	0.6〜0.8
和え物，酢の物	1.0〜1.2
ソース類	1.2〜1.5
煮物	1.2〜1.5
生野菜のふり塩	1.0〜1.2
魚・肉のふり塩	1.0〜1.2
漬物（即席漬）	1.5〜2.0
漬物（長期）	3.0〜10.0

砂糖濃度の基準

調理	砂糖濃度（％）
和え物，酢の物	3〜7
煮物	3〜5
煮物（佃煮）	10〜15
飲み物	8〜10
プディング，ゼリー	10〜12
ジャム	40〜70
煮豆	50〜100
防腐効果	50以上

食品重量表

計量カップと計量スプーンによる食品重量表　（単位：g）

食品名	小さじ 5ml	大さじ 15ml	カップ 200ml	食品名	小さじ 5ml	大さじ 15ml	カップ 200ml
水・酒・酢・食塩	5	15	200	ごま	3	9	120
しょうゆ・みりん・みそ	6	18	230	あたりごま	5	15	200
砂糖（上白糖）	3	9	110	油・バター・ラード	4	13	180
グラニュー糖・ざらめ	4	13	170	ショートニング	4	12	160
粉砂糖	2	6	70	カレー粉	2	7	85
水あめ・蜂蜜	7	22	290	辛子粉・わさび粉	2	6	80
ジャム	7	22	270	こしょう	3	8	100
小麦粉（薄力粉）	3	8	100	化学調味料	4	12	160
小麦粉（強力粉）	3	8	105	粉ゼラチン	3	10	130
片栗粉	3	9	110	普通牛乳	6	17	210
コーンスターチ	2	7	90	脱脂粉乳・粉チーズ	2	6	80
重曹・白玉粉・上新粉・そば粉	3	9	120	生クリーム（高脂肪）	5	15	200
道明寺粉	4	12	150	トマトケチャップ	6	18	240
オートミール	2	6	70	トマトピューレー	5	16	210
ベーキングパウダー（B.P.）	3	10	135	ウスターソース	5	16	220
				マヨネーズ	5	14	190
ドライイースト	3	10	120	ココア	2	6	80
パン粉（干）・きな粉	2	6	80	コーヒー・紅茶	2	6	70
パン粉（生）	1	3	40	煎茶	2	5	60
コンソメ調味料（乾燥）	5	15	200	抹茶	2	5	70
				番茶	1	3	40

食品1カップ（200ml）当たりの重量表　（単位：g）

食品名	g	食品名	g	食品名	g
挽肉・はまぐりむき身・かき	200	米	160	もやし	50
		飯（炊きたて）	120	レーズン	160
あさりむき身	180	押し麦	110	干しひじき	60
あさり（殻付き）	200	大豆	150	おろしだいこん	200
しじみ（殻付き・小粒）	230	白いんげん・小豆	160	なめこ（小）	180
むきえび	150	むきえんどう	130	ポテトフレーク	30
さくらえび（釜あげ）しらす干し	60	グリンピース（缶詰）	140	新びき粉	40
		グリンピース（生）	120	スライスアーモンド（生）	70
さくらえび（素干し）煮干	30	むきくるみ・ピザ用チーズ	80		
魚のすり身	170			カシューナッツ（生）	110
削り節（粗）	20	茹で枝豆	140	落花生	120
削り節	10	茹で大豆	135	さらしあん（乾燥）	170
おから	100			スイートコーン（缶詰）	150

point&study

- **●炊飯とは**

  水分含量15％前後の米粒が十分な水の存在下で加熱されることにより，デンプンが糊化し，水分65％前後の米飯に変化することである．炊き上がりの目安は米の2.3倍の重量が好まれる．

- **●加水量**

  米の品種，新・古米によって異なるが，炊飯の際の加水量の適量は米の重量の1.5倍，体積の1.2倍である．新米は米自体のもっている水分が多いので，加水量をやや控え，古米は米自体のもっている水分が少ないので，加水量をやや多くするとおいしく炊き上がる．

- **●米**

  米の種類：ジャポニカ種（短粒種），インディカ種（長粒種）

  デンプンの性質による米の分類：うるち米…アミロース20％，アミロペクチン80％

  　　　　　　　　　　　　　　　もち米…アミロペクチン100％

- **●炊飯法**

  炊き干し法：日本で一般的に行われる炊飯方法

  湯取り法：アジア各地や欧米のように二段階調理を行う方法で，米を過剰の水の中で茹で，いったん水をきった後，第二段操作として炒めたり蒸したりする方法である．

❷ 吉野鶏のすまし汁

材料	分量（1人分）	●人分重量（g）
だし汁	150 mℓ	
水	必要量の20％増し	
昆布	水の1％	
かつお節	水の2％	
食塩	だし汁の0.6％	
しょうゆ	だし汁の1％	
鶏ささみ	20 g	
食塩	肉の0.5％	
酒	肉の3％	
片栗粉	肉の4％	
みつば	2本	
ゆずの皮	1片	

■ 作り方

① 昆布は乾いた布巾で汚れを取り除く．

② 鍋に分量の水と昆布を入れ，中火にかける．沸騰直前に昆布を取り出す．

③ 昆布を取り出した後，沸騰したらかつお節を入れ，再度沸騰したら火を止める．

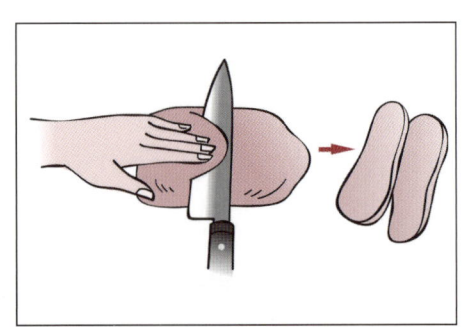

●そぎ切り

食品の概量

食品の概量（目安量）

分類	食品名	単位	重量（g）
穀類	食パン	1斤	380～400
	バターロール	1個	30～40
	サンドイッチ用食パン（10枚切り）	1枚	30～35
	うどん（乾）	小1束	150～160
	そうめん（乾）	小1束	40～50
	うどん（茹で）	1玉	210～250
	中華麺（生）	1玉	120～150
	切りもち	1切れ	50
	春巻の皮	1枚	15
	ぎょうざの皮	1枚	5
	しゅうまいの皮	1枚	3
乳・卵類	スライスチーズ	1枚	20
	鶏卵	1個	50～60
	卵黄	1個分	17～20
	卵白	1個分	30～33
	うずら卵	1個	10～12
豆製品	豆腐（木綿）	1丁	300
	油揚げ	1枚	20～35
	生揚げ	1枚	120～140
	凍り豆腐	1個	16～20
肉・魚介類	ハム	1枚	20
	ベーコン	1枚	15～20
	ウインナーソーセージ	1本	10～20
	鶏ささみ	1個	40
	鶏もも肉（骨付き）	1本	250～350
	鶏肝臓	1羽分	45
	豚腎臓	1個	100
	魚切り身	1切れ	80～100
	あじ	中1尾	100～150
	さば	1尾	700
	したびらめ	1尾	200
	するめいか	1尾	250～300
	煮干	1尾	2
	あさりむき身	1個	3
	かきむき身	1個	8～10
	車えび（有頭）	1尾	30～50
	芝えび（有頭）	1尾	10
	たらこ	1腹	60～100
	はんぺん	1枚	100
いも・野菜類	じゃがいも	中1個	150～200
	さつまいも	中1個	200～250
	さといも	中1個	50
	こんにゃく	1枚	170～200
	しらたき	1玉	200
	グリーンアスパラガス	中1本	20～30
	オクラ	1個	5～10
	かぶ（根）	小1個	20～25
	西洋かぼちゃ	中1個	1000
	カリフラワー	1株	350～500
	キャベツ	中1個	1000
	キャベツ（葉）	1枚	50～60
	きゅうり	中1本	100～150
	ごぼう	中1本	150～200
	さやえんどう	1さや	1.5～3
	サラダ菜	1株	70～100

分類	食品名	単位	重量（g）
いも・野菜類	サラダ菜（葉）	中1枚	20
	しょうが	1かけ	15
	セロリ	1本	50～100
	だいこん	中1本	800～1000
	たまねぎ	中1個	200
	チンゲンサイ	1株	100～150
	トマト	中1個	100～150
	生しいたけ	中1個	10～30
	なす	中1個	50～70
	にんじん	1本	100～150
	にんにく	1個	70
	にんにく	1かけ	6
	にら	1束	100～120
	根深ねぎ	中1本	100～150
	はくさい	中1株	1000～1500
	はくさい	中1枚	100
	れんこん	中1節	150
	パセリ	1本	5～10
	ピーマン	中1個	30～40
	ブロッコリー	1株	150～200
	ほうれん草	1束	300～400
	ほうれん草	1株	30
	切りみつば	1本	1
	みょうが	1個	5～10
	芽キャベツ	中1個	8～15
	レタス	中1個	400
果実類	あまなつみかん	中1個	350～400
	アボカド	1個	230
	いちご	中1粒	15～20
	おうとう	1個	5～8
	オレンジ	1個	200
	キウイフルーツ	1個	100～120
	グレープフルーツ	1個	400
	なし	1個	200
	バナナ	1本	100～150
	ぶどう	1粒	5～10
	みかん	中1個	70～100
	メロン	1個	500～600
	もも	中1個	150～200
	ゆず	中1個	180
	ゆずの皮	中1個分	10
	りんご	1個	200～300
	レモン	中1個	100
きのこ・藻類	きくらげ	1個	1
	生しいたけ	1枚	10～30
	干ししいたけ	1枚	2～5
	マッシュルーム（生）	1個	10
	ほしのり	1枚	2
	昆布	1枚	10
	寒天	1本	7～10
種実類	アーモンド	1粒	1.5
	カシューナッツ	1粒	1.5
	ぎんなん（実）	1粒	1.6～2
	くるみ（実）	1個	5～6
	ピーナッツ（実）	1粒	1

● 食材の切り方－日本・中国・西洋料理対応表

基本の切り方

日本料理	中国料理	西洋（フランス）料理
みじん切り	小（シヤオ） 米（ミー） 鬆（ソオン）	hache（アシュ） bruinoise（ブリュノワーズ）1～2mm角
輪切り		rondelle（ロンデル）
薄切り	片（ピエン）	lamelle（ラメル） tranche（トランシュ） emince（エマンセ）
せん切り	絲（スー）	julienne（ジュリエンヌ）
さいの目切り	丁（デイン）	macedoine（マセドワーヌ）
色紙切り	方（ファン）	paysanne（ペイザンヌ）
乱切り	兎耳（トウアル）	
拍子木切り	条（テイヤオ）	russe（リュセ）
短冊切り	条（テイヤオ）	batonnet（バトネ）
大切り	塊（コワイ）	
かつらむき	巻絲（チエンスー）	ruban（リュバン）
リボン状切り	長帯（チアンタイ）	

● 乾物のもどし方

乾物のもどし方

材料	倍率	もどし方
凍り豆腐（高野豆腐）	6～8	微温湯（50～60℃）に浸漬して落し蓋をする．膨潤したら取り出し，軽く押さえながら2～3回水洗いする．
干ししいたけ	4～6	水または微温湯に浸漬する．急ぐときは水を加えて電子レンジで3分加熱する．
かんぴょう	5～10	水洗いして軽く塩もみした後，水洗いしてたっぷりの水ですきとおるまで茹でる．
ゆば	3～4	用途により，ぬれ布巾に包むか，水または微温湯につける．
きくらげ	4～10	水または微温湯に膨潤するまで浸漬する，または茹でる．
切干しだいこん	4～6	水に浸漬する．
はるさめ	3～7	用途により，熱湯または微温湯に浸漬し，または沸騰したお湯に入れて蓋をし，5分間ほど放置する．
乾燥豆類	2～2.6	4～5倍の水に半日から一晩浸漬する．
乾麺	2.8～3	7～10倍の熱湯で適度に茹でた後，手早く冷水で洗う．または少量のサラダ油をまぶす．
ひじき	6～9	水に20～30分浸漬し，砂やごみを洗い落とし，ザルに上げる．
干しわかめ	6～10	水に約5分間浸漬する．
寒天	9～10	水に30分～1時間，膨潤するまで浸漬する．

● 調理温度と時間

調理温度と時間（例）

調理名・食品名	温度（℃）	時間（分）
さしみのけん	冷水	5～10
茹でる・ほうれん草	100	1
こまつな	100	1～2
じゃがいも・さつまいも（200 g）		
茹でる（4 cm 角）	98～100	15
天火（アルミホイル）	250	30
電子レンジ（100 V，200 g）	—	6
茹で卵（完熟）	100	10～12
ソフトクックドエッグ	98～100	3～5
半熟卵	98～100	5～7
完熟卵	98～100	10～12
茶碗蒸し	90	15
カスタードプディング	90	15
てんぷら		
魚切り身（50 g）	180	1～2
根菜類	160～180	3～5
葉菜類	180	0.5～1
コロッケ小判型	180～200	0.5～1
ミンチボール（2.5 cm）	160～180	2～3
ポテトスフレ　膨化	150～160	20
焼成	180	0.5～1
クッキー	170	15
スポンジケーキ（直径 18 cm）	170	30
パウンドケーキ（6×8×20 cm）	160～180	40
シュー皮（1 個 20 g）膨化	180～200	10
乾燥	160～180	10
食パン（500 g）　膨化	150	10
焼成	200	20

● し好温度

食物のし好温度

	温かい食物		冷たい食物	
	種類	温度（℃）	種類	温度（℃）
液状のもの	コーヒー 牛乳	60～65 59～60	水 煎茶・冷やし麦茶	15 前後 10 前後
汁を伴ったもの	みそ汁 スープ しるこ うどん（かけうどん）	65 前後 65 前後 61 前後 58～70	コーヒー・紅茶（冷） 牛乳・ジュース	6 前後 10 前後
固形のもの	てんぷら 湯豆腐	64～65 56～60	冷菓 ババロア すいか 水羊羹	－6 前後 10 前後 11 前後 10～12

日本料理

実習 1
- 白飯
- 吉野鶏のすまし汁
- 茶碗蒸し
- ほうれん草のごま和え

実習 2
- 塩味飯
- 炊き合わせ
- 酢の物

実習 3
- 赤飯
- 村雲汁
- あじの姿焼き
- 筑前煮

実習 4
- ゆかり飯
- 三州みそ汁
- 厚焼き卵
- いかとわけぎのぬた

実習 5
- 麦飯
- てんぷら
- かぼちゃの含め煮
- 豆腐の田楽

実習 6
- 五目炊き込みご飯
- 締め卵の清汁
- 白和え
- 水羊羹

実習 7
- 親子丼
- かつおのすり流し汁
- わらび餅

実習 8
- ちらし寿司
- 蛤の潮汁
- 葛桜

実習 9
- 七夕そうめん
- 白玉あんみつ

実習 10
- 田作り
- 伊達巻き
- 栗きんとん
- 紅白なます
- 松風焼き
- 黒豆
- かずのこ
- 昆布巻き

Japanese

日本料理の特徴

日本は地理的，気候的条件から四季折々の産物に恵まれ，日本料理と季節感は切り離すことができない．豊富な産物を生かした料理が工夫され，料理から季節の風情を感じる．そのため，食品の旬を知り，繊細な心配りが大切である．

食品材料
- 穀類では米が中心．
- たんぱく質源は，海に囲まれていることから魚介類が多いが，大豆またはその加工品もよく用いられる．
- 海藻類も多く用いられ，季節の野菜を豊富に取り入れた料理が多い．
- うま味が重視され，だしの材料として昆布，かつお節，煮干し，干ししいたけなどの乾物が用いられる．

調味料
- 発酵食品を利用したものが多く，しょうゆ，みそ，みりん，酒などが用いられる．
- 香辛料は生のものが多く，わさび，しょうが，木の芽，ゆず，しそなどが用いられる．

調理法
- 新鮮な魚介類が多いことから，生もの料理（さしみ，酢の物など）が多い．
- 加熱調理方法は，煮る，焼く，蒸す，揚げることが多いが，油の使用は少なく，材料の持ち味を生かしたものが多い．

食器・盛り付け
- 陶磁器や漆器が用いられ，食事に箸が用いられる．
- 器の中に自然の風情を演出し，季節感を盛り込む．

料理様式
- 本膳料理：平安時代にその基礎ができ，室町時代に形式化され，江戸時代には民間の正式饗宴料理として完成したもの．一汁一飯香の物から一汁一菜，一汁三菜，二汁五菜，三汁七菜へと発展する．
- 懐石料理：禅宗から発生したもので，質素である．茶道の形式が定まるにつれて茶道に取り入れられたのが茶懐石料理である．茶をすすめる前に茶人自らが心をこめて作りもてなす．
- 会席料理：江戸時代に発達した料亭での酒宴向きの供膳形式である．現在の客膳料理に用いる代表的な日本料理である．

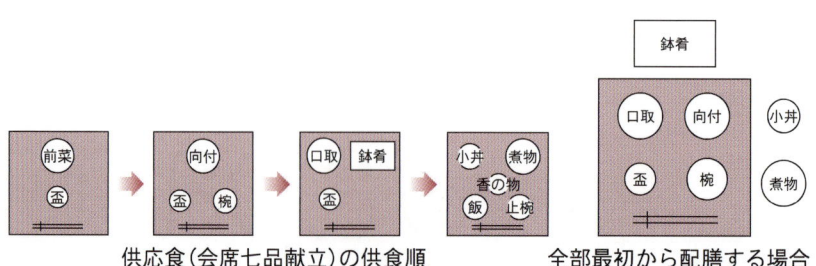

供応食（会席七品献立）の供食順　　全部最初から配膳する場合（会席七品献立）

01 日本料理：実習

menu
1. 白飯
2. 吉野鶏のすまし汁
3. 茶碗蒸し
4. ほうれん草のごま和え

学習テーマ
- 炊飯
- だしのとり方
- 蒸し物
- 青物の茹で方
- 和え物

1 白飯

材料	分量（1人分）	●人分重量（g）
米	80 g	
水	米の重量の1.5倍	

■ 作り方

① **洗米** はじめの2回は多めの水で手早く洗い，3回目からは，少なめの水でていねいにとぐ．上澄みがきれいになったら，ざるに上げ，水分をきる．

② **加水・浸漬** 米は乾物なので（水分含量15％），十分に吸水させてから炊飯する．洗った米に分量の水を加え，30～120分浸漬する．吸水時間は水温によって異なり，吸水時間を短くしたいときは水温を高くするとよい．

③ **加熱** ②を火にかけ，沸騰までは強火で，沸騰したらふきこぼれない程度の中火で約5分，次に弱火で約15分加熱する．最後に3秒ほど強火にして火を止める．

④ **蒸らし** 約10分間蒸らす．

⑤ 蒸らし後，上下を軽く混ぜて空気を入れる．ジャーや飯櫃に入れるか，乾いた布巾をかけるなどして水滴がご飯の上に落ちないように注意する．

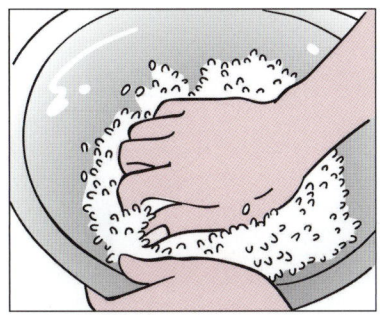

●米のとぎ方　手のひらで米をにぎりながらとぐ

④ 表面に浮いているかつお節を箸で静かに押さえて約1分おく（かつおぶしが鍋底に沈むまで待つ）．

⑤ ざるに固く絞ったさらしを敷いて，だしをこす．だしは絞らず，自然に滴下するのを待つ．これは澄んだだし汁をとるためである．

⑥ 鶏ささみは筋を取ってそぎ切りにし，食塩・酒で下味をつけ，約10分おく．

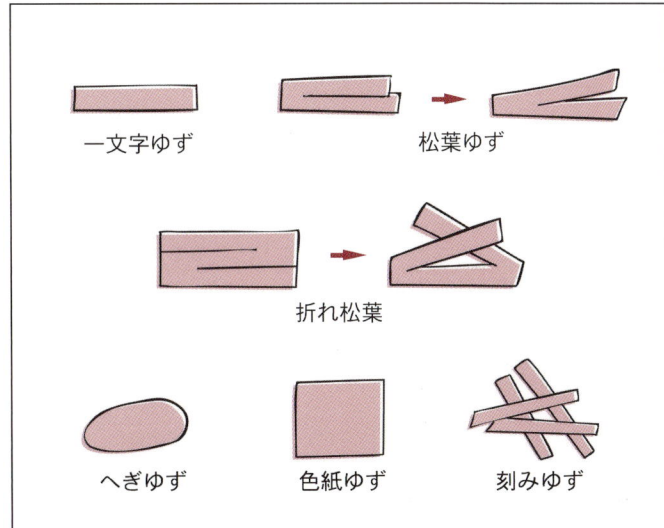
● ゆずの飾り切り

● 結びみつば

⑦ 下味をつけた鶏ささみは水分をふき取り，片栗粉を薄くまぶして少ないお湯で色が白くなるまで茹でる．

⑧ みつばはさっと茹でて結びみつばにする．

⑨ ゆずは松葉にする．

⑩ 椀にささみ，結びみつばを盛り，調味しただし汁を注ぐ．吸い口に松葉ゆずを浮かす．

point&study

● 混合だし
かつお節と昆布を用いて抽出しただし汁のことで，日本料理では広く用いられる．このだしは，かつお節と昆布のうま味成分のイノシン酸とグルタミン酸の相乗効果を利用したものである．

● 汁の分類
(1) 澄んだ汁
  すまし汁：家庭向きの汁（塩味 0.8〜0.9％）
  吸物：上等なだし汁を薄味（塩味 0.8％）に調味して汁のうま味と香りを賞味する．酒の膳向きの汁
  潮汁：貝（蛤など）や魚（たいなど）を水から煮て材料のもつうま味をだし汁として用いた汁
(2) 濁った汁
  みそ汁：みそを単一もしくは混合して用いる．煮干だしがよく合う．
  すり流し汁：材料をすりつぶし，すまし汁やみそ汁でのばして作る．呉汁（大豆，枝豆），すり流し汁（魚，えび，かに），とろろ汁（やまいも），粕汁など．

(3) その他の汁

薄くず汁：すまし汁にくず（デンプン）を溶き入れ（1～1.5％），とろみをつけた冬向きの汁

けんちん汁：けんちん地（細切りのにんじん，ごぼう，たけのこ，くずした豆腐などを油で炒めたもの）を用いた具だくさんの汁

のっぺい汁：デンプンでのっぺりととろみをつけたすまし仕立ての汁．材料はさいの目切りにしたさといも，にんじん，こんにゃく，しいたけ，油揚げなど．鶏肉や魚を入れることもある．

● 吸い口

吸い物によい香りをつけ，また季節をも伝えるものである．あしらいの青み（みつば，うど，みょうがなど）で代用する場合もある．

春…囲いゆず・しょうが・さんしょうの若芽（木の芽）・花ゆず

夏…花落ちゆず（小さいゆず）・新しょうが

秋…ゆず・みょうが

3 茶碗蒸し

材料	分量（1人分）	●人分重量（g）
卵液		
卵	1/2個	
だし汁	卵の量の3倍	
食塩	卵液の0.7％	
しょうゆ	卵液の0.5％	
みりん	卵液の4.0％	
鶏ささみ	25 g	
酒	鶏ささみの5％	
しょうゆ	酒と同量	
芝えび	1尾	
食塩	えびの1％	
酒	えびの5％	
生しいたけ	小1枚	
だし汁	10 ml	
しょうゆ	だし汁の5％	
なると巻き	薄切りにしたもの1枚	
みつば	1本	
ぎんなん	1個	
ゆずの皮	1片	

■ 作り方

① 卵を溶きほぐし，冷めただし汁と調味料を合わせて裏ごしを通す．

② 鶏ささみはそぎ切りし，調味料をふりかけておく．

③ 芝えびは背わたを取り，調味料をふる．

④ しいたけは石づきを取り，花または松に形を整え，下煮して冷ましておく．

⑤ なるとは薄切りにする．

⑥ みつばは 3 cm に切る．
⑦ ぎんなんは殻を取り，茹でて薄皮をむく．
⑧ 蒸し茶碗に材料を入れ，卵液を注ぎ蒸す．蒸し温度は 85〜90℃ を保つようにする．強火で 3 分，弱火で 12 分蒸し，竹串で中まで凝固したか確認する．
⑨ 蒸し上がったら，松葉ゆずを添えて敷皿にのせる．

●生しいたけの飾り切り

point&study

- 蒸し物は，水蒸気によって 85〜100℃ で食品を加熱するため焦げないのが特徴である．食品を動かすことなく加熱するので，煮崩れがなく，うま味の流出が少ない．
- 茶碗蒸しは，卵のたんぱく質が熱によって凝固する性質を利用したものである．蒸し上がりは，す立ちがなく，なめらかに凝固して，口の中でとろけるようなやわらかさがよい．加熱温度が高すぎると"す"が立つので，蒸し器内の温度を 85〜90℃ に調節する．
- 材料を茶碗に入れるときには，沈むものを下に，軽いものを上にする．
- 種物は，蒸す間に十分火の通るものは生で用いるが，そのほかは食品によって薄味に下煮したりして用いる．種の味は卵液の味より濃厚にならないように注意する．
- 蒸し上がった後は調味を変えることができないので，はじめに十分注意して調味を行う．
- 蓋は，温度調節や水滴を防ぐ効果がある．
- 通常蒸したての熱いものをすすめるので，受け皿の上に蒸し茶碗をのせる．蒸し茶碗の熱い間は受け皿ごと持って食べる．

4 ほうれん草のごま和え

材料	分量（1人分）	●人分重量（g）
ほうれん草	60 g	
黒ごま	ほうれん草の 8 %	
しょうゆ	ほうれん草の 7 %	
砂糖	ほうれん草の 5 %	
だし汁	ほうれん草の 2.5 %	

■ 作り方

① 鍋にほうれん草の 10 倍の水を入れて沸騰させ，水の 1 % の食塩を加える．
② 鍋にほうれん草を根元から入れて茹でる．
③ すぐに冷水に取り，さらした後全体を絞り，互い違いに巻きすにのせ，余分な水分を絞る．
④ 根元を切り落とし，3〜5 cm の長さに切る．
⑤ 黒ごまは焦がさないように弱火で炒る．
⑥ すり鉢に炒ったごまを入れ，すり棒で油が出るまでよくすり，しょうゆ，砂糖，だし汁を加え，供食直前にほうれん草を入れて和える．

point&study

● 青物の茹で方

茹でるときの湯の量は，葉菜類は材料の10倍，根菜類は5倍を目安とする．沸騰してから入れると酸化酵素が不活性になり色よく茹でることができる．青物は1～2％の食塩水で茹でると，色よく仕上がるが，これは，食塩のNaイオンとクロロフィルのMgイオンが置換するため鮮やかな緑色になるからである．

● 和え物の調理上の注意点

(1) 和え衣を調理するときは，粘度のある調味料のほうへ液状の調味料を入れ，均等に混ぜる．
(2) 和え衣と合わせる際には，材料は冷ましてから行う．
(3) 材料と和え衣を和えるときは供食直前（食べる直前）がよい．長時間おくと和え衣の濃度が高いため，材料から水が出て，食味，食感が悪くなる．
(4) 一般に材料を下煮したり，下味をつける場合は和え衣よりも薄味にする．

● 和え物の種類と和え衣（数字は和え材料に対する％）

和え物	和え衣
白和え	豆腐30，白ごま10，白練りみそ30～40
ごま和え	白ごまままたは黒ごま10～15，しょうゆ7～10，砂糖3～5 食酢を入れるとごま酢和えになる．
卵の花和え	おから10～15，食塩1.5，砂糖3～5，食酢5～8
からし和え	練りからし適量，しょうゆ10
おろし和え	だいこん40～50，食塩2，砂糖3～5，食酢10

栄養量（1人分）

料理名	エネルギー(kcal)	たんぱく質(g)	脂質(g)	炭水化物(g)	食物繊維総量(g)	食塩相当量(g)
白飯	286	4.9	0.7	62.1	0.4	0.0
吉野鶏のすまし汁	36	5.5	0.2	2.5	0.0	1.4
茶碗蒸し	91	11.3	2.9	3.8	0.5	1.2
ほうれん草のごま和え	54	2.6	2.7	6.1	2.2	0.6
合計	467	24.3	6.5	74.5	3.1	3.2

応用

● この献立の目的は日本料理の基本である炊飯方法，だしのとり方である．たんぱく質源として茶碗蒸しの卵，すまし汁の鶏肉があるが，通常の献立では主菜を加えるとよい．

主菜例

春	さわらの幽庵焼き，さわらの西京漬けなど
夏	あじの塩焼き，かつおのたたきなど
秋	鮭の照り焼き，さんまの塩焼き，かれいの煮付けなど
冬	さばのみそ煮，ぶりの照り焼きなど
通年	厚焼き卵，豚肉のくわ焼きなど

● 副菜のバリエーション

ほうれん草のごま和え

→ほうれん草のおひたし：だししょうゆを使用すると食塩を軽減できる．かつお節，のり，ごまなど風味のあるものをかけるとしょうゆの使用量を抑えることができる．

→ほうれん草の白和え

→いんげんのごま和え
　　など
茶碗蒸し
→卵豆腐：だし汁は卵の 1〜1.4 倍
→空也蒸し：豆腐に卵液を加えて蒸し，くずあんをかけ，しょうが汁，おろしわさびを添えたもの
→小田巻蒸し：茶碗蒸しにうどんを入れて蒸したもので，茶碗は大ぶりのものを用いる
　　など

● **汁物のバリエーション**
具の交換：鶏ささみ→えび，豆腐，卵豆腐，わかめ，たけのこ，しめじ，そうめんなど．

● **食事療養への応用**
■ たんぱく質制限食
茶碗蒸しの中に入れる具を減らす．鶏肉，なるとなどたんぱく質含量の多いものは避ける．卵液の割合はそのまま使用する．

MEMO

日本料理：実習 02

menu
1. 塩味飯（青豆ご飯）
2. 炊き合わせ（凍り豆腐，干ししいたけ，にんじん，絹さや）
3. 酢の物（きゅうり，わかめ，しらす干し）

学習テーマ
- 塩味飯の基礎
- 乾物の扱い方
- 煮物
- 酢の物

---

1 塩味飯（青豆ご飯）

材料	分量（1人分）	●人分重量（g）
米	80 g	
水	米の重量の1.5倍－酒量	
酒	米の重量の5％	
食塩	水の1％（米の1.5％）	
グリンピース(さやなし)	米の重量の約30％	
食塩	グリンピースの重量の3％	

■ 作り方
① 米は洗米し，分量の水を加えて吸水させておく．
② グリンピースはさやから出して水洗いし，3％の食塩にまぶして約10分おく．
③ 炊く直前に調味料（酒，食塩）を加えて加熱する．
④ 沸騰したら，食塩を洗い流して水分をきったグリンピースを手早く混ぜ，白飯と同様に炊飯する．
⑤ 蒸らしが終わったら，豆をつぶさないように軽く混ぜる．

point & study
- さや付きの豆のときは必要な豆の重量の2〜2.5倍用意する．
- **炊き込み飯**
  炊き込み飯を調味料別に分けると塩味飯（青豆ご飯，菜飯など），しょうゆ味飯（たけのこご飯，桜飯など），油脂味（バターライス，ピラフなど）をつけた塩味飯になる．酒の添加は風味を増加させ，しょうゆ，食塩などは米の吸水を抑制するため浸漬は水で行い，加熱直前に調味する．
- **食塩の分量の算出**
  (1) 飯のでき上がり重量の0.7％
  　　例：米120 g，えんどう豆30 gの炊き込み飯の場合，
  　　　（米120 g×2.3倍）＋えんどう豆30 g＝306 g　306 g×0.007＝2.142 g

(2)米の重量に対して1.5％
(3)炊き水の1％

2 炊き合わせ（凍り豆腐，干ししいたけ，にんじん，絹さや）

材料	分量（1人分）	●人分重量（g）
凍り豆腐	1/2枚（乾物1枚18〜20g）もどすと乾物の7〜8倍	
だし汁	もどした材料と同量	
砂糖	もどした材料の5％	
みりん	もどした材料の10％	
食塩	もどした材料の1％	
薄口しょうゆ	もどした材料の1.2％	
干ししいたけ	小1枚（約7.5g）もどすと乾物の4〜5倍	
もどし水	もどした材料の2倍	
みりん	もどした材料の10％	
砂糖	もどした材料の5％	
しょうゆ	もどした材料の10％	
にんじん	25g	
だし汁	材料と同量	
砂糖	材料の5％	
みりん	材料の5％	
食塩	材料の1％	
薄口しょうゆ	材料の1％	
絹さや（さやえんどう）	3枚	
茹で水	材料の5倍	
食塩	茹で水の1％	

■ 作り方

凍り豆腐の含め煮

① 凍り豆腐は60〜80℃の湯に15〜20分浸す．浮き上がらないように皿などで押しをしておく．
② 水の中で両手のひらにはさんで押しながら，白い水が出なくなるまで洗い，水気を絞る．1枚を四等分に切る．
③ だし汁に調味料を全部入れて煮立て，この中に凍り豆腐を入れ，落とし蓋をして弱火で約20分煮る．火を止め，そのまま味を含ませる．

しいたけの甘煮

① しいたけは布でふくか，さっと水で洗って汚れを取り，しいたけの約10倍の微温湯につけてもどす．

② 十分にやわらかくなったら，軸を除き，形を整える．
③ もどし水は布こしする．もどし水の半量を入れ，落とし蓋をして弱火で20〜30分煮る．
④ 次に砂糖を加え8分ほど煮，しょうゆは2〜3回に分けて加え，煮汁がなくなるまでゆっくりと煮る．
　＊煮汁が足りないときは水を加える．
　＊煮汁が少なくなると煮汁の粘度が高くなり焦げやすいので注意する．

にんじんの甘煮
① にんじんは皮をむいて，1cmくらいの厚さの梅花に切る．
② だし汁に調味料を全部入れて落とし蓋をして煮る．

絹さやの青茹で
① 絹さやは筋を取り，1%の食塩を入れた湯で色よく茹でる．
② 茹で上がったら水に取り冷ます．

point&study

● **炊き合わせ**
魚介類，鶏肉，季節の野菜など2種類以上を取り合わせ，それぞれ材料別に煮て盛り合わせたもの．味付けは薄味にし，材料の持ち味を生かすように煮る．

● **煮物**
食品を煮汁（調味液）の中に入れて加熱し，煮汁の成分を食品中に浸透させる調理法．食品に応じて火加減，煮加減，味加減が大切である．煮物には，煮しめ，煮つけ，炒り煮，含め煮，みそ煮，うま煮，佃煮，甘露煮などの種類がある．

● **凍り豆腐**
少し固めに作った豆腐を−15℃で急速に凍結させたあと−1〜3℃の冷蔵室に2〜3週間おいてたんぱく質を変性させ，低温乾燥させたもので，スポンジ状の形態を保っている．乾物のままでは吸水性がなく調理に適さないので，アンモニアガスを吸収させ，冷蔵中に起こった豆腐たんぱく質の過度の変性を補正して吸水性を取り戻させている．

● **落とし蓋**
煮汁の少ない煮物の場合，煮汁のまわりをよくし，上下均一に調味できる．また，食品材料の動きを抑え，煮崩れを防ぐ効果がある．煮物によって紙蓋，ガーゼなども使用する．

3 酢の物

材料	分量 (1人分)	●人分重量 (g)
きゅうり	50g（約1/2本）	
食塩	きゅうりの1%	
生わかめ	10g	
（干しわかめ）	(1.5g)	
しらす干し	10g	
しょうが	5g	
三杯酢	材料の15〜20%	
酢	材料の10% 三杯酢の64.5%	

しょうゆ	材料の2.5％ 三杯酢の16.1％
砂糖	材料の3％ 三杯酢の19.4％

＊しょうゆはしらす干しの塩分を考えて1/2くらいの塩味にする．

■ 作り方

① きゅうりはごく薄い小口切りにし，食塩をふって約20分おく．その後布巾で絞り，水気をきる．
② 生わかめは洗って沸騰した湯で色よくもどし，干しわかめは水でもどし，約2cmに切る．
③ しらすは沸騰した湯の中に入れ，ざるに上げて水気をきる．
④ しょうがはごく細いせん切りにし，水にさらす（針しょうが）．
⑤ 三杯酢を作る．
⑥ ①～③を色よく盛り，食べる直前に三杯酢をかけ，針しょうがを上にのせる．

point & study

調味酢の種類と調味料配合割合（数字は材料に対する％）

種類	酢	食塩	しょうゆ	砂糖	煮きりみりん	その他	適する材料・備考
二杯酢A	10		10				たこ，いか，なまこ，かきなど
二杯酢B	10	2					たこ，いか，なまこ，かきなど
三杯酢A	10		10		10		野菜類，魚介類など
三杯酢B	10	2		1.5	5		野菜類，魚介類など
三杯酢C	10	1	5	3			野菜類，魚介類など
甘酢A	10	2		10			野菜類，魚介類など
甘酢B	10	2		15～20			野菜類，魚介類など
ごま酢	10	(2)	10	5	5	ごま5～10	
黄身酢	10	2		5		卵黄10 片栗粉1	いか，赤貝，きゅうりなど
吉野酢	10		10		10	片栗粉1	いか，たこなど表面がすべる材料に適する．一煮立ちさせてとろみをつけ冷めてから和える
白酢	10		10		10	豆腐の裏ごし20	野菜
たで酢	10		10		(10)	たでの芽みじん切り	あゆの塩焼き
ぽん酢	10		10				魚介類

栄養量（1人分）

料理名	エネルギー(kcal)	たんぱく質(g)	脂質(g)	炭水化物(g)	食物繊維総量(g)	食塩相当量(g)
塩味飯	313	6.6	0.8	65.9	2.2	1.3
炊き合わせ	138	11.1	6.4	11.7	4.2	0.8
酢の物	29	3.1	0.3	3.9	1.0	0.9
合計	480	20.8	7.5	81.5	7.4	3.0

応用

- 主菜をつける場合には，魚，肉，卵など組み合わせが可能である．
- 汁物が献立に入っていないので，みそ汁，すまし汁などを加える．
- 塩味飯のバリエーション

季節	副材料（米の重量に対する具の割合 %）
春	青豆（30〜40），菜の花（15），そら豆（30〜40）
夏	枝豆（30〜40），青じそ（15）
秋	さつまいも（70〜80），栗（30〜40）
冬	さといも（70〜80），かぶの葉（15）
通年	小豆（10〜15），大豆（10〜15），わかめ（乾5），しょうが（10〜15）

- 炊き合わせのバリエーション

季節	材料
春	たけのこ，菜の花，ふき，なまり節など
夏	かぼちゃ，オクラ，なすなど
秋	さつまいも，さといも，いかなど
冬	だいこん，れんこん，ごぼう，うど，たらこなど
通年	こんにゃく，つくね，ひりょうず，生揚げ，焼き豆腐，えびなど

- 酢の物のバリエーション

材料のバリエーションとして，もずく，だいこん，新たまねぎ，菊の花，みょうがなどがある．

- 食事療養への応用

■ たんぱく質制限食

(1) 主菜をつけた場合には，炊き合わせの材料でたんぱく質源になるものは避ける．
(2) 酢の物のしらす干しを除く．

■ 塩分制限食

(1) 食塩の使用量を減らす．
(2) 炊き合わせ：薄口しょうゆを減塩しょうゆに代替する．だし汁の割合を増やし，風味を強くすることで調味料の使用量を減らす．

MEMO

日本料理：実習 03

menu
1. 赤飯
2. 村雲汁
3. あじの姿焼き
4. 筑前煮

学習テーマ
- 強飯
- とろみのつけ方
- 焼き物
- 煮物（炒り煮）

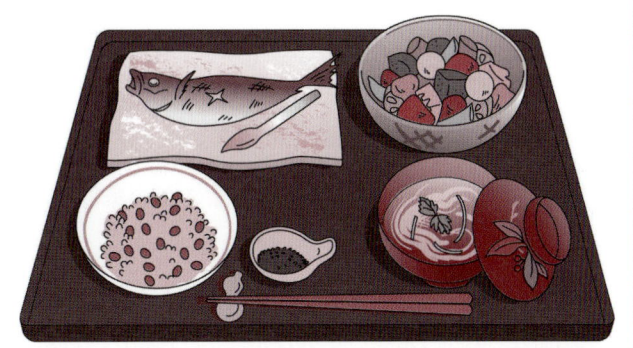

1 赤飯

材料	分量（1人分）	●人分重量（g）
もち米	110 g	
ささげ	米の10〜15％	
黒ごま	米の1％	
食塩	ごまの2/3量	

■ 作り方

① 洗ったささげに10倍の水を加えて半日から一晩浸漬する．そのまま火にかけ，一煮立ちしたら茹で汁を捨てる（渋切り）．新たに10倍の水を加えて約20分煮て，豆と煮汁に分けて冷ます．豆は豆の皮が破れない程度（指で押してつぶせるまで）の固茹でにする．

② もち米は洗って，ささげの煮汁に約3時間漬ける（急ぐ場合には煮汁を50〜60℃にして1時間くらい漬ける）．

③ 蒸す直前にざるに上げて水をきり，ささげと混ぜる．漬け水（煮汁）はふり水に使用するので，とっておく．

④ 蒸し器に布巾を敷き（目の粗い布がよい），③を入れて中央を少し低めに広げ，蒸気が出やすいように穴を数カ所開けて，蒸気が十分出ている状態で蒸す．

⑤ 強火で蒸し，蒸気が上に抜けて約15分たったら，1回目のふり水をする（ささげの煮汁）．2回目からは10分おきにふり水をし，30〜40分蒸す．ふり水は飯のかたさを見て回数（2〜3回）を決める．

⑥ 蒸し上がったら飯台に移し，手早くあおいで冷まし，つやを出す．

●赤飯の蒸し方

⑦ごまに食塩を加え，軽く煎ってごま塩を作る．煎ったごまと食塩に大さじ1/2杯のふり水をして水分を蒸発させると，ごまに食塩をからませることができる．

point&study

- もち米のデンプンはアミロペクチンのみからなる．アミロペクチンは膨潤しやすく，壊れやすいので，洗米の際には気をつけて洗う．
- もち米はうるち米より吸水性が大きく，最大約40％吸水する．デンプンの糊化には約30％の水分が必要である．
- 強飯の炊き上がりは原料米の重量の1.6～1.9倍である（うるち米は2.2～2.3倍）．
- もち米100％の炊きおこわの水は米の体積の約1.1倍．
- うるち米と混合した炊きおこわの場合はもち米：うるち米＝3：1の割合がよい．水加減はもち米1倍＋うるち米1.5倍量→米の合計量の1.13倍の水加減（小豆の煮汁＋水）にする．炊飯方法は通常どおりである．
- ささげの煮汁には豆の色がついているので，それらをふり水に使うと，きれいな桜色の赤飯ができる．

2 村雲汁（かきたま汁）

材料	分量（1人分）	●人分重量（g）
だし汁（混合だし）	150 ml	
食塩	だし汁の0.9％	
しょうゆ	だし汁の1.5％	
片栗粉	だし汁の1～1.5％	
卵	10 g	
みつば	1本	
おろししょうが	5 g	

■作り方

①だし汁をとり，調味する．

②だし汁が煮立ったら，水溶き片栗粉でとろみをつける．

日本料理●実習03

③ 2cmに切ったみつばを散らし，沸騰したら溶いた卵を穴杓子を用いて流し入れ，火を止める．穴杓子はゆっくりと動かして，卵が1カ所にかたまらないようにする．
④ 吸い口にはしょうがの絞り汁を用いる．

●溶き卵の流し入れ方

point & study

- デンプン濃度が薄いので，卵の塊が大きいと卵は底に沈んでしまい，きれいなかきたまにならない．
- 汁にデンプンを用いる効果
  (1) 口ざわりをなめらかにする．
  (2) 汁の実が沈まないで汁の中で適度に浮いている．
  (3) 濃い汁ほど冷めにくい．
  (4) 調味料を材料にからめ，おいしく食べることができる．
  (5) 材料のもち味を生かしたいとき，材料には味をつけずに表面にあんをかけて食べる料理に都合がよい（例：とうがんのくず煮，みたらしだんごなど）．

3　あじの姿焼き

材料	分量（1人分）	●人分重量（g）
あじ	1尾	
食塩	魚の2％	
化粧塩	適量	
谷中しょうが（はじかみ）	1本	
甘酢	材料の15〜20％	
酢	材料の10％ 甘酢の50％	
食塩	材料の2％ 甘酢の10％	
砂糖	材料の5〜8％ 甘酢の25〜40％	

■ 作り方

① あじはぜいご，えら，内臓を取り出し，たて塩（3％食塩水：海水と同じ食塩濃度）で洗う．内臓を取り出す際には，切れ目が見えないように，盛り付けたとき（魚の頭を左側にする）裏側になる腹に切り込みを入れて取り出す．

② ふり塩をして約20分おく．
③ あじの水分をふき，飾り包丁を入れる．うねり串を打ち，各部のひれに化粧塩をふる（ひれ塩）．胸びれはえらぶたの中に入れておく（焦げの防止）．
④ 強火で上身（盛り付けたときに表になる面）から適度な焼き色がつくまで焼き，下身は中火でゆっくりと焼く（強火の遠火）．焼けたら金串をまわしておき，熱いうちに胸びれを出しておく．粗熱が取れたら金串を抜く．

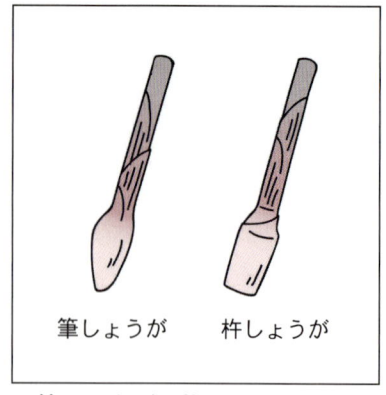

● 筆しょうがと杵しょうが

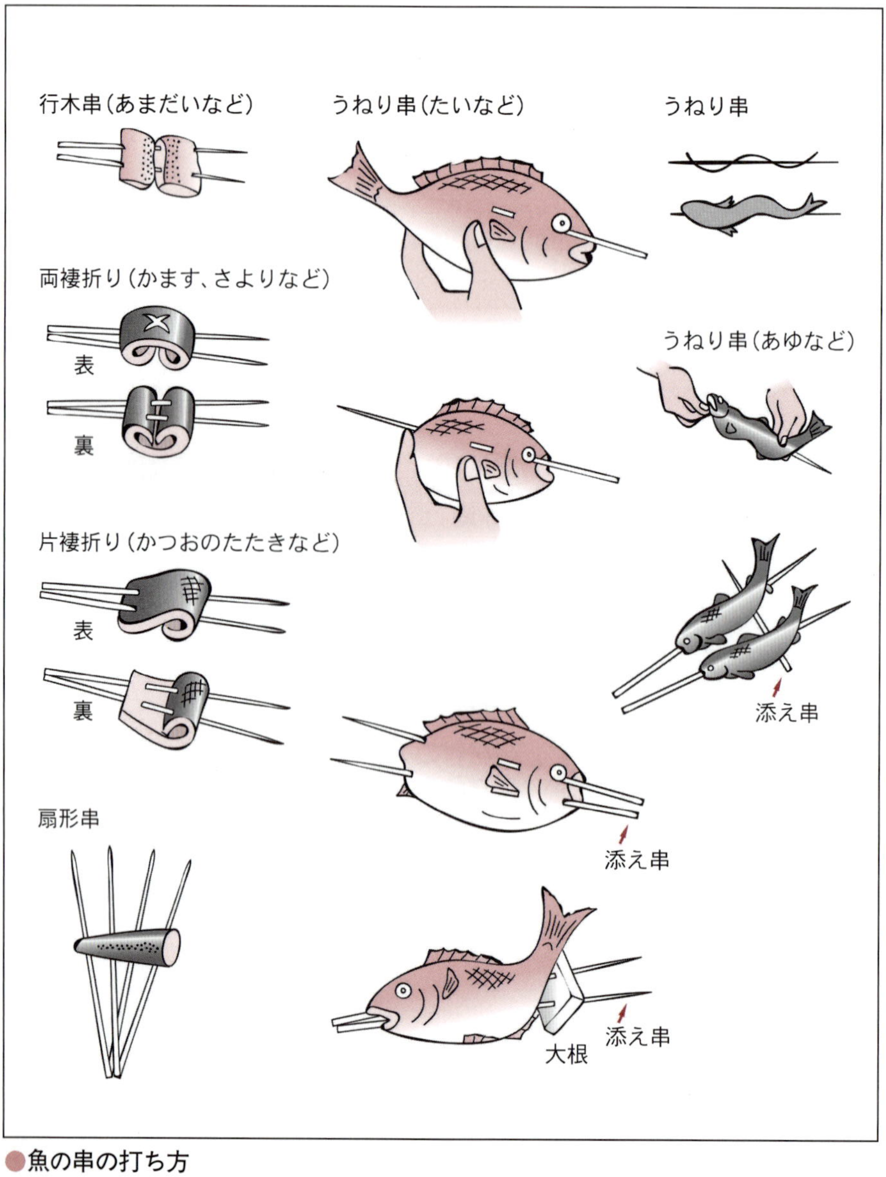

● 魚の串の打ち方

日本料理●実習 03

⑤谷中しょうが（はじかみ）は茎を5〜6cm残して切り，根茎を筆または杵の形にする．熱湯で30秒ほど茹で，食塩をふり，冷めてから甘酢に漬けておく．

⑥あじを盛り付け，筆しょうがまたは杵しょうがを添える．

point&study

●**焼き物の方法**
直火焼き（直接焼き）：火が直接材料にあたるようにして焼く方法．火力　200〜300℃
間火焼き（間接焼き）：フライパン，焼き板，天火，銀紙などを用いて火を直接あてずに焼く方法．火力　350〜400℃

●**焼き方**
原則として盛り付けの際に表になる側を先に焼く．表六分裏四分．魚は火にあてている間に中から脂肪が出るために片方の身が汚れるので，必ず表身から焼き，ほどよい焼き目がつくまでは返さない．

●**前盛り**
焼き物を器に盛り付ける際には必ず前盛りを添える．前盛りは焼き物に風情を添え，味を引き立て，口中をさわやかにするなどの役目がある．動物性食品を焼き物にした場合，前盛りは酸味のものが多く，材料は野菜類が多く用いられる．

例）

そのまま用いるもの	だいこんおろし，ゆず，すだち，かぼすなど
甘酢漬け	しょうが，れんこん，かぶ，だいこん，うどなど
塩茹で	そら豆，えだ豆など
和え物	ほうれん草，春菊，菜の花など

4 筑前煮

材料	分量（1人分）	●人分重量（g）
鶏もも肉	40g	
油	鶏もも肉の5％	
みりん	鶏もも肉の12％	
しょうゆ	鶏もも肉の10％	
ごぼう	25g	
にんじん	25g	
れんこん	25g	
こんにゃく	25g	
干ししいたけ	1枚	
さといも	1個	
さやえんどう	6g	
油	炒める野菜の5％	
だし汁	材料（全体）の40％	
砂糖	材料の6％	
食塩	材料の0.25％	
しょうゆ	材料の5％	
酒	材料の7％	

■作り方

① ごぼう，れんこん，にんじんは皮をむき，一口大の乱切りにする．ごぼう，れんこんは変色防止のため，水にさらしておく．
② こんにゃくはスプーンで一口大にちぎる．
③ 干ししいたけはもどし，石づきを除き，そぎ切りにする．
④ さといもは皮をむいて一口大に切り，水にさらす．ぬめりが出てきたら水を捨て，食塩でもみ，水で洗い流す．
⑤ さやえんどうは筋を取り，沸騰水で茹でる．この湯で，ごぼう，にんじん，れんこん，さといも，こんにゃくを約3分茹でる．
⑥ 鶏肉は一口大に切る．鍋に油を熱し，鶏肉を皮の面から香ばしい焦げ色がつくように焼く．八分通り火が通ったら，下味用の調味料が入った器に移す．
⑦ 鍋の汚れをふき取り，野菜用の油を熱し，強火でごぼう，にんじんを約2分炒め，れんこん，しいたけ，こんにゃく，さといもを加えて約2分炒める．だし汁を加えて調味料を入れ，蓋をして約20分炒り煮する．
⑧ ⑦に鶏肉を汁ごと加え，煮汁を煮つめる．つやが出て煮汁がなくなってきたら，さやえんどうを加えてさっと混ぜる．

point&study

● 炒め煮には，野菜・肉類を油で炒めておき，すぐ調味して煮る方法や，炒めてから水またはだし汁を加えて煮て調味する方法がある．炒めながら濃厚な調味にする料理である．

栄養量（1人分）

料理名	エネルギー (kcal)	たんぱく質 (g)	脂質 (g)	炭水化物 (g)	食物繊維総量 (g)	食塩相当量 (g)
赤飯	452	10.8	2.2	93.4	2.3	0.7
村雲汁	26	1.9	1.0	2.3	0.1	1.9
あじの姿焼き	89	13.8	3.2	0.3	0.1	1.3
筑前煮	259	10.5	13.1	26.4	6.5	1.4
合計	826	37.0	19.5	122.4	9.0	5.3

応用

● **おこわのバリエーション**

栗赤飯，栗おこわ：むき栗は米の30%，皮つきの場合45%を加える．
五目おこわ：ひじき，ごぼう，にんじんなど米の45%まで加えられる．

● **食事療養への応用**

■ エネルギー制限食
(1) 筑前煮：油を使用せず，すべて煮て調理する．全体量を1/2～2/3量に減らす．
(2) 砂糖の使用量を減らす．

■ 食塩制限食
(1) 筑前煮：食塩，しょうゆの使用量を減らし，だしの風味を強める．また，ひねりごまやゆずを添えて風味を出す．

(2)あじの姿焼き：食塩を使用せずに焼き，おろしだいこんやすだちなど薬味の風味で食べる．
(3)赤飯：ごま塩を使用せず，ごまのみふりかける．
■たんぱく質制限食
(1)筑前煮：鶏肉を使用せず，野菜のみで調理する．
(2)主菜にたんぱく質含量の少ない食品を用いる．

MEMO

日本料理：実習 04

menu
1. ゆかり飯
2. 三州みそ汁
3. 厚焼き卵
4. いかとわけぎのぬた

学習テーマ
- いかのさばき方
- 煮干しだし
- みそ汁
- ぬた

---

1 ゆかり飯

材料	分量（1人分）	●人分重量（g）
米	80 g	
水	米の重量の1.5倍	
ゆかり	1 g	

■ 作り方

① 米は洗って吸水させ，炊飯する．
② 炊き上がったご飯にゆかりを散らし，まぶす．

point & study

- ゆかりは塩漬けした赤じその葉を乾燥し，砕いたり粉末にしたもの．梅干と漬け込んだしその葉を用いてもよい．
- 大葉（青じそ 7〜8 枚）を粗みじんに刻んで布巾に包み，流水でもみ洗いしてあくを抜き，水気を絞って混ぜてもよい．

---

2 三州みそ汁（煮干しだし汁）

材料	分量（1人分）	●人分重量（g）
水	160 mℓ	
煮干し（頭，腹わたを取った状態）	水の3%	
三州みそまたは赤みそ	だし汁の8%	
豆腐	20g（1/15丁）	

じゅんさい	20g
水からし （練りからし）	少々

＊じゅんさいの代わりになめこを使用してもよい．

■ **作り方**

① 煮干しの頭と内臓を除き，分量の水に30分以上浸したのち火にかけ，沸騰後1分加熱してこす．または，水から入れ沸騰後2～3分弱火で煮てこす．
② 三州みそは細かく刻み，①のだし汁でよく溶いてこす．
③ 生のじゅんさいは，熱湯にさっと通して余分なぬめりを取る．びん詰めの場合はそのまま使用してもよい．
④ ②を加熱し，じゅんさい，豆腐を入れて一煮立ちさせる．椀に盛り，水からしを吸い口として落とす．

point&study

- みそは産地により色や味・香り・辛みが異なるので，自然に郷土の味，家の味，四季の変化をみそ椀の中に見出すことができる．
- **三州みそ**
  東海地方を中心に製造されている豆みそで，名古屋みそ，三河みそ，八丁みそなどとも呼ばれる．濃厚なうま味，渋味と，やや苦味をもつ．固形の場合，すって用いると渋味が出るので，細かく刻んで用いる．
- みそ汁はみそのうま味と芳香を味わう料理であるため，煮えばなをとらえて椀に盛り，適温で飲用することが最もおいしく食べるコツといえる．適温は一般的には約65℃である．
- **みそ汁の吸い口**
  野菜が主なとき：水からし，七味など
  魚介肉の場合：粉さんしょう，こしょう，ごま，ふきのとうなど
- 赤みそは，みその香りを保つように加熱しすぎないこと．
- 三州みそは香りが強いので，特別にだし汁をとらなくてもよい．
- 煮干しだしを使用しない場合は，三州みそを溶く際に，かつお節をみその20%加え，ゆっくり加熱し，こして使用するとよい．

3 厚焼き卵

材料	分量（1人分）	●人分重量（g）
卵	1個	
だし汁（混合だし）	卵の30%	
砂糖	卵＋だし汁の10%	
食塩	卵＋だし汁の0.8%	
しょうゆ	卵＋だし汁の0.4%	
油	適量	
そめおろし		
だいこん	20g	
しょうゆ	適量	

■ 作り方
① 卵は泡立てないようによく混ぜる．
② だし汁が熱いうちに調味料を加え，冷ましただし汁と卵を混ぜ合わせる．
③ 卵焼き器をよく熱してから油をなじませ，ぬれ布巾で温度を均一にしたら，卵液の約1/3を流し入れ，下の部分がかたまりかけたら卵焼き器の片側にまとめる．
④ ③の空いたところに油を引き，残り1/3を流し入れ焼く．かたまりかけたら巻くようにしながら形を作り，残りの卵液も同様にする．
⑤ 巻きすにのせて形を整え，そのまま冷ます．
⑥ 食べやすい厚さに切り，器に盛り，そめおろしを添える．

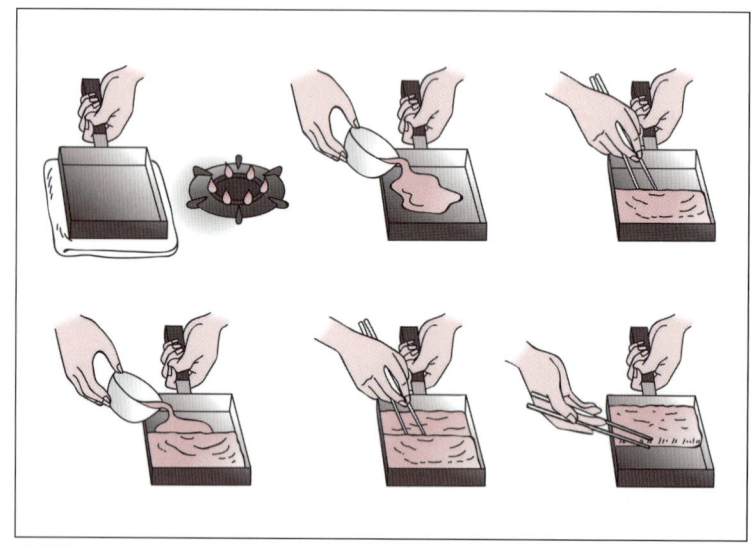

●厚焼き卵の作り方

point&study

- ● 卵焼き鍋の加熱温度は，卵液を入れたとき，「ジューッ」という音が出る程度がよい．
- ● 厚焼き卵は，熱いうちに切ると形が崩れるので，冷ましてから切る．
- ● 卵は火の通りが速いので，均一に焼くために，卵焼き器は熱伝導の高い銅製の厚手のものが適する．
- ● 卵を焼くときに引く油は，卵焼き器になじませた後，余分な油はよく拭き取る．油の使用量が多いと，巻くときにすべりやすく巻きにくい．また，油の層が卵の中に入り，薄焼き卵を巻いたような状態になってしまう．

4 いかとわけぎのぬた

材料	分量（1人分）	●人分重量（g）
いか	20 g（中1/5杯）	
わけぎ	50 g	
酢	2 ml	
からし酢みそ	材料の30〜45％	

白みそ	材料の 20 %
砂糖	材料の 2.5 %
みりん	材料の 10 %
酢	材料の 10 %
練りからし	材料の 2 %
しょうが	少々

■ 作り方

① いかは皮をむき，飾り切りをする．約 4 cm 長さの短冊切りにし，熱湯を通す．
② わけぎは湯 100 ml に 1 ％の食塩を入れ，蓋をして蒸し煮にする．
③ ②の粗熱を取り，包丁の背でぬめりを取ったら 3 cm くらいに切り，酢をふりかける．
④ からし酢みそを作る．
⑤ 針しょうがを作る．
⑥ 盛り付ける直前に材料とからし酢みそを和え，盛り付けて針しょうがをのせる．

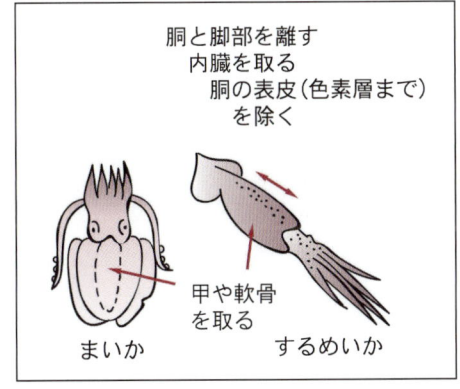

●いかのさばき方

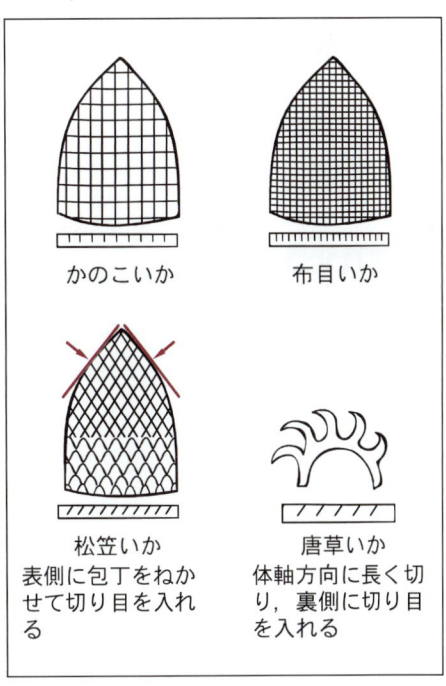

●いかの切り方

栄養量（1人分）

料理名	エネルギー (kcal)	たんぱく質 (g)	脂質 (g)	炭水化物 (g)	食物繊維総量 (g)	食塩相当量 (g)
ゆかり飯	287	4.9	0.7	62.2	0.5	0.5
三州みそ汁	36	2.8	1.5	2.7	0.7	1.5
厚焼き卵	124	6.4	7.2	7.6	0.3	0.9
いかとわけぎのぬた	80	5.5	0.6	12.3	2.0	0.8
合計	527	19.6	10.0	84.8	3.5	3.7

応用

- **ぬたのバリエーション**

    いか：あさり，魚の酢漬けなどに代替

    わけぎ：わかめ，きゅうりなどに代替

- **汁物のバリエーション**

    みそ汁の実は，季節に応じていろいろな材料を使用することができる．

野菜類	だいこん，キャベツ，なす，ねぎ，たまねぎ，もやしなど
いも類	じゃがいも，さといもなど
海藻類	わかめ，のりなど
きのこ類	なめこ，しいたけ，えのきだけなど
豆製品	豆腐，油揚げなど
魚介類	あさり，しじみ，魚のあらなど

- **厚焼き卵のバリエーション**

    卵焼きの中にのりを巻き込んだ磯巻き，うなぎの蒲焼きを入れたう巻きなど．

- **食事療養への応用**

    ■たんぱく質制限食

    ぬたのいかの使用量を減らす．

    ■食塩制限食

    ぬたのからし酢みそに減塩みそを使用する．

MEMO

日本料理：実習 05

menu
1. 麦飯
2. てんぷら
3. かぼちゃの含め煮
4. 豆腐の田楽

学習テーマ
- 揚げ物
- てんぷらの衣
- 背開き

日本料理 / 西洋料理 / 中国料理 / 各国料理

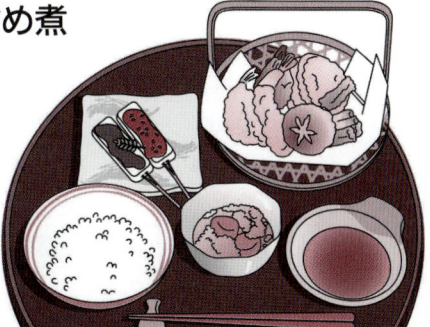

1 麦飯

材料	分量（1人分）	●人分重量（g）
米	60 g	
押し麦	12 g	
水	米＋麦の重量の1.5倍	

■ 作り方
① 米に押し麦を加えて一緒に洗い，文化鍋に入れ吸水する．
② 常法通り炊飯するが，炊き時間は1〜2分，蒸し時間は約5分延長させる．

point & study
- 精麦には食物繊維が多く，ビタミンもある．したがって，米と麦の栄養素を補い合い，健康食としても優れている．
- 麦は丸麦，押し麦，ひき割り麦などを用いる．丸麦は水に浸して煮てやわらかくなった"えまし麦"を水に混ぜて炊く．押し麦は水に浸して用いる．ひき割り麦は洗って米に混ぜ，やや多めの水加減で炊く．
- 押し麦は，物理的に組織が破壊されているので吸水状態がよい．また，麦デンプンの組成は粗い．

---

2 てんぷら

材料	分量（1人分）	●人分重量（g）
大正えび	1尾	
きす	1尾	
小なす	1個	
さつまいも	20 g	
さやいんげん	1本	

生しいたけ	1個	
衣		
小麦粉	20 g	
卵	1/5 個	
冷水	25 ml	
てんつゆ	60 ml	
だし汁	でき上がりの 60 %	
みりん	でき上がりの 20 %	
しょうゆ	でき上がりの 20 %	
削り節	でき上がりの 4 %	
揚げ油	適量	
薬味		
だいこん	20 g	
しょうが	2 g	

■ 作り方

① きすは頭を落とし，腹わたを取り除いて背開きにする．

② えびは背わたを取り，第1節を残して殻をむく．腹側に斜めに 2〜3 カ所切り目を入れ，揚げたときに曲がらないようにする．尾の先を切り落とし，包丁の先でしごいて尾水を出す．

③ 小なすはガクの根元に包丁を入れてガクを切り取る．ヘタの1cm ほど下の部分から約5mm 間隔で切り込みを入れ，茶せんにする．なすはあくが強いので，切ったらすぐに水につけ変色を防ぐ．

④ さつまいもは 5〜7 mm の厚さに切り，水につけ変色を防ぐ．

⑤ さやいんげんは筋を除き，約5cm 長さに切りそろえ，切り口から約1cm 部分に楊枝を刺し，"いかだ"にする．

⑥ しいたけは石づきを取り，花に切り込みを入れておく．

⑦ てんつゆは小鍋でみりんを煮切り，だし，しょうゆ，追いがつおを加えて一煮立ちさせ，こす．

⑧ 薬味のだいこん，しょうがはおろして軽く絞る．

⑨ 衣を作る：卵をよくほぐして冷水を加え，小麦粉を一度に加えて太めの菜箸でざっくり混ぜる．粉の玉が残っている状態でよい（衣はグルテンができないよう使用する直前に作る）．

⑩ 野菜を揚げる：油を 160〜165℃ に熱し，衣をつけて揚げる．さつまいもは 3〜4 分，他の野菜は約 2 分揚げる．

⑪ 魚介を揚げる：油を 170〜175℃ に熱し，衣を薄くつけて揚げる．きすは身を下にして入れる．

日本料理●実習 05

●しいたけ，さやいんげん，なす，えびの下ごしらえ

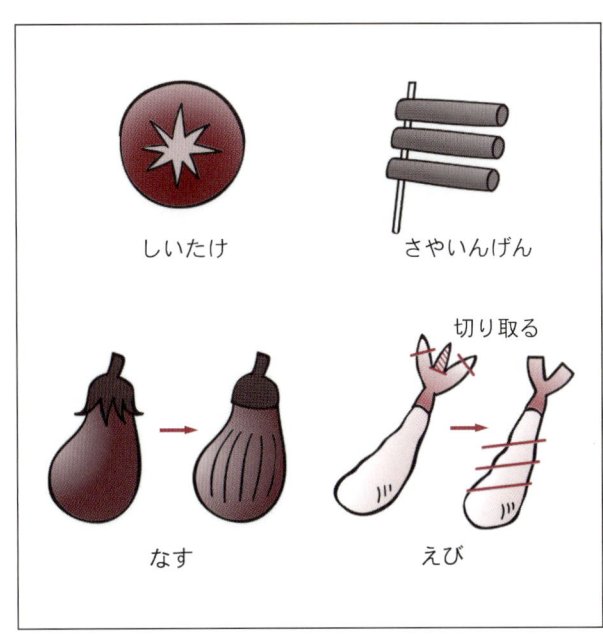

point & study

●揚げ物の要点
(1) 材料の水分を十分ふき取ってから衣をつけて揚げる．
(2) 材料を油に入れるときは，鍋の縁から滑らせるように入れ，油がはねないようにする．
(3) 材料に適した温度を保つように配慮する：油の温度を下げないために，材料を一度に多く入れない．表面積の約2/3までにする．
(4) 揚げかすをこまめに取り除く．
(5) 揚げ物をべとつかせないために油切りをしっかり行い，揚げたものを重ねない．

●揚げ物の適温と時間

種類	温度（℃）	時間（分）	種類	温度（℃）	時間（分）
てんぷら（魚介類）	180〜185	1〜2	魚フライ	180	6〜7
さつまいもの素揚げ	170〜180	6〜8	カツレツ	170	6〜7
フライドポテト		8〜10	鶏から揚げ	150〜160	4〜5
野菜素揚げ	150〜180	1	豚肉竜田揚げ	170〜180	4〜5
かき揚げ（野菜）	160〜180	2〜3	コロッケ	180〜190	1〜2
青じそ	140〜160	0.5〜1	フリッター	160〜170	1〜2
ししとう			ドーナッツ	160	3

●揚げ油の適温
衣揚げの場合は衣を少量油に落として温度を知ることもできる．

A	140〜150℃ 以下	一度底に沈んでゆっくり浮き上がる．
B	150〜160℃	底に沈んですぐに浮き上がる．
C	170〜180℃	半分まで沈んで浮き上がる．
D	190℃ 以上	沈まずに油の表面で衣が散る．

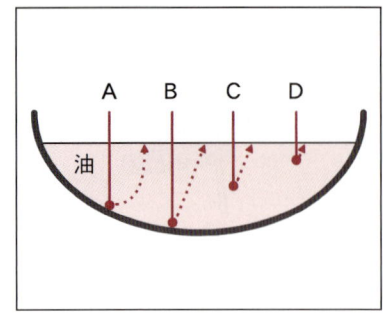

●揚げ鍋

● てんぷらの衣
　よい衣とは，焦げ色がついていない淡黄色，薄い（材料が透けるくらい），表面がからりとして歯ざわりがよくもろい．
(1)小麦粉：小麦粉のグルテンは衣の網目構造の骨格を作るために必要なものであるが，グルテンが多いと吸水性が強いので脱水されにくく，からりと揚がらない．
(2)卵：水の1/3〜1/4は卵に置き換えると味がよくなり，グルテンの形成が妨げられる．
(3)水：グルテンの形成を少なくするために水温は低くする必要があり，15℃が適温である．
(4)小麦粉と卵水の割合

衣	小麦粉：卵水（卵1：水3）	用途
薄い衣	1：2	魚類
中間の衣	1：1.6	野菜類
濃い衣	1：1.4	かき揚げ

＊ベーキングパウダーを粉の3〜5％程度入れると，時間がたってもべとつきにくく，からりと揚がる．

3 かぼちゃの含め煮

材料	分量（1人分）	●人分重量（g）
かぼちゃ	50 g	
鶏ひき肉	10 g	
だし汁	材料の100％	
砂糖	材料の8％	
みりん	材料の3％	
しょうゆ	材料の8％	
水溶き片栗粉		
片栗粉	材料の1％	
水	片栗粉の2倍	

■ 作り方
① かぼちゃはわたを取り，適当な大きさに切り，面取りする．
② だし汁にかぼちゃを入れ，落とし蓋をしてやわらかくなるまで煮て，鶏ひき肉を加える．
③ 調味し，水溶き片栗粉で煮汁にとろみをつける．

point&study

- 面取りは形を美しくし，煮崩れを防ぐために，角が立っているところを削る作業をいう．
- しょうゆは煮物に欠かせない調味料であり，香気成分は料理の味を引き立てる．この成分（チオノール，アセトアルデヒド，イソバレルアルデヒド，フルフロールなど）は長時間の加熱で揮発するので，仕上げ時期に加えるか，2～3回に分けて加えると効果がある．
- 食品を大きいまま煮たり，味のしみ込みを促進したい場合には，表からわからないように隠し包丁を入れることがある．隠し包丁は，ふろふきだいこんなどに用いる．

4 豆腐の田楽

材料	分量（1人分）	●人分重量（g）
豆腐（木綿）	1/5丁（約60g）	
ほうれん草	5g	
木の芽	0.5g	
白練りみそ	8g	
白みそ	全体の64.0%	
砂糖	全体の20.0%	
みりん	全体の6.5%	
酒	全体の4.5%	
だし汁	全体の5.0%	
赤練りみそ	8g	
赤みそ	全体の36.5%	
砂糖	全体の10.0%	
みりん	全体の24.0%	
酒	全体の14.0%	
だし汁	全体の15.5%	
ごま	適量	

■ 作り方

① 豆腐は湯通しして，まな板に並べ，重しをして脱水する．

② ほうれん草は葉をちぎり青みをとる．

③ 木の芽は葉の部分をすり鉢ですって芽みそを作り，ほうれん草の青みと混ぜる．

④ 練りみそを作る：それぞれの材料を入れて混ぜ合わせた後，火にかけて練る．みそにつやが出てきたら火からおろす．白練りみそには③を混ぜる．

⑤ 脱水した豆腐を適当な大きさに切り，田楽串を刺してから250℃のオーブンで豆腐の表面が薄黄色になるまであぶり，みそを塗り，みそに焼き色がつくまで表面をあぶる．赤練りみそを塗ったものには，ごまをちらす．

＊豆腐またはみそを塗ってからあぶるのは，オーブン（250℃）のほか，オーブントースター，フィッシュグリルなども使用できる．

point&study

●青みのとり方
(1)ほうれん草の葉を約1cmにちぎり，ほうれん草の重量の5倍の水を加えてミキサーにかける．
(2)細かくなったら，鍋に裏ごして入れ，沸騰直前まで加熱する．
(3)青みが凝集したらざるにぬれ布巾をかけてこす．
(4)布巾に残ったものが青みである．

栄養量（1人分）

料理名	エネルギー (kcal)	たんぱく質 (g)	脂質 (g)	炭水化物 (g)	食物繊維総量 (g)	食塩相当量 (g)
麦飯	256	4.4	0.7	55.9	1.5	0.0
てんぷら	377	16.8	21.3	26.4	2.3	1.8
かぼちゃの含め煮	86	3.1	1.4	15.3	1.8	0.6
豆腐の田楽	80	5.0	3.1	7.2	0.8	0.7
合計	799	29.3	26.5	104.8	6.4	3.1

応用

●てんぷらのバリエーション
(1)アスパラガス，かぼちゃ，しそ，のり，れんこん，たらの芽，ししとうがらし，たけのこ，まいたけ，ふきのとう，いか，あなごなど．
(2)かき揚げの具材として，小えび，みつば，そら豆，桜えび，小柱，ねぎなどを組み合わせる．

●田楽のバリエーション
材料としては，なす，こんにゃく，さといもなどが考えられる．青みをとらない場合，白練りみそを塗り，青のりやごま，木の芽をのせてもよい．また，細かく刻んだゆずの皮を混ぜるなど，変化をつけることができる．

●かぼちゃの含め煮のバリエーション
かぶ，さといも，とうがん，だいこん，やつがしらなどを用いてもよい．

●食事療養への応用

■エネルギー制限食
てんぷらを献立から除き，てんぷらと同じ材料で炊き合わせや塩焼きなど，調理方法を変える．

■たんぱく質制限食
(1)てんぷら：具材に，たんぱく質含量の少ない材料を用いる．衣の小麦粉を春雨，上新粉などに代替する．
(2)かぼちゃの含め煮：鶏ひき肉を除く．
(3)豆腐の田楽：豆腐をさといもなどに代替する．

06 日本料理：実習

menu
1. 五目炊き込みご飯
2. 締め卵の清汁
3. 白和え
4. 水羊羹

学習テーマ
- 炊き込みご飯
- 寒天の扱い方

日本料理／西洋料理／中国料理／各国料理

1 五目炊き込みご飯

材料	分量（1人分）	●人分重量（g）
米	80 g	
水	米の重量の1.5倍－（酒＋しょうゆ）	
酒	米の重量の7.5％	
しょうゆ	米の重量の5％	
食塩	米の重量の0.5％	
砂糖	米の重量の0.75％	
具	米の重量の約50％	
鶏ささみ	20 g	
酒	鶏ささみの0.5％	
食塩	鶏ささみの0.5％	
にんじん	6 g	
ごぼう	6 g	
しいたけ	小1/2枚	
さやいんげん	6 g	
のり	少々	

■ 作り方

① 米は洗い，分量の水で吸水しておく．

② 鶏ささみはそぎ切りにし，酒，食塩で下味をつける．

③ にんじんは2～3 cm長さの太めのせん切りにする．

④ ごぼうは皮をむいてささがきにし，水に放ってあくを抜いておく．

⑤ しいたけはせん切りにする．干ししいたけを使用する場合は，ぬるま湯でもどし

⑥ さやいんげんは筋を取り，1％の食塩を入れた熱湯で色よく茹で，冷めたら斜めせん切りにする．
⑦ 具は共炊きにするので，調味料，下ごしらえしたさやいんげん以外の材料の水分をよくきって加え，炊飯する．しょうゆ味ご飯は焦げやすいので，沸騰後3〜4分で弱火にし，蒸し煮の時間を長くする．
⑧ 炊き上がったら，さやいんげんを混ぜて器に盛り，のりを散らす．

point & study

- **炊き込みご飯**
  しょうゆ味ご飯は添加材料に水分の多いものが多い．味付けに用いるしょうゆは食塩に換算して使用量を求める．しょうゆ味ご飯の場合は塩分の1/2〜1/3を食塩に置き換えるときれいに仕上がる．しょうゆが入るとかために仕上がり，焦げやすいので，火加減に注意する．
- **共炊き**
  米と同時に煮えるもの（いも，にんじんなど）は最初から入れて炊く方法．
- **別炊き**
  副材料を別に調味して煮たものを，炊き上がりに入れて一緒に蒸らす方法．

2 締め卵の清汁

材料	分量（1人分）	●人分重量（g）
混合だし汁	150 ml	
食塩	だし汁の0.6％	
しょうゆ	だし汁の1％	
締め卵		
卵	2/3個	
水	150 ml	
食塩	水の1.5％	
みつば	2本	
ゆずの皮	少々	

■ 作り方

① 卵は割りほぐしておく．鍋に分量の水と食塩を入れ，沸騰したら卵を少しずつ流し入れる（穴杓子を使用するとよい）．かたく絞った布巾をざるにかけ，ここに浮いてきた卵をあける．
② 巻きすで棒状に形を作り，冷めてから1cmの厚さに切る．
③ みつばは結びみつばにする．ゆずは松葉ゆずにし，吸い口にする．
④ 椀に締め卵とみつばを入れ，熱くしただし汁を注ぎ，ゆずを添える．

日本料理●実習 06

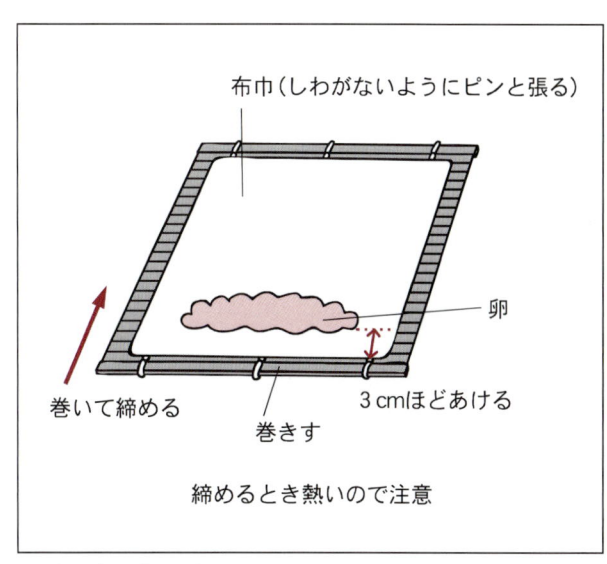

```
布巾（しわがないようにピンと張る）
卵
3cmほどあける
巻いて締める
巻きす
締めるとき熱いので注意
```

●締め卵の作り方

③ 白和え

材料	分量（1人分）	●人分重量（g）
にんじん	20g	
こんにゃく	10g	
さやいんげん	8g	
干ししいたけ	中1/2枚	
だし汁	材料の50％	
砂糖	材料の4％	
しょうゆ	材料の5％	
和え衣	でき上がりが材料の 40〜50％	
木綿豆腐	材料の50％	
白ごま	材料の10％	
薄口しょうゆ	材料の4％	
食塩	材料の1％	
砂糖	材料の5％	
みりん	材料の3％	

■ 作り方

① にんじんは短冊切りにし，熱湯で茹でる．
② こんにゃくは短冊切りにし，熱湯を通す．
③ さやいんげんは色よく茹でて，斜めせん切りにする．
④ 干ししいたけは水にもどして石づきを取り，せん切りにする．
⑤ 鍋にだし汁，調味料を入れ，さやいんげんを除く材料を入れて水分がなくなるまで煮，さやいんげんを入れて冷ます．

⑥ 和え衣を作る：豆腐はざっと砕いて熱湯に入れ，再び沸騰してきたら布巾で絞って水分を取る．白ごまをすり鉢でよくすり，調味料，絞った豆腐を入れてよくする．
⑦ 供食直前に和え衣と具を合わせて盛り付ける．
＊豆腐の脱水率を求めること．

4 水羊羹

材料	分量（でき上がり500g）	●人分重量（g）
棒寒天	4 g（1/2本）	
水	400 ml	
砂糖	30 g	
こしあん	200 g	
桜の葉	適量	

■ 作り方

① 棒寒天は洗って，1〜2時間水にもどす．
② 使用する鍋は重量を測っておき，その鍋にちぎった寒天，水を入れ，寒天が溶けたら砂糖を加え，鍋の中身が350gになるまで煮溶かしてこす．
③ あんに煮溶かした寒天液を徐々に加えて混ぜ，鍋の中身が500gになるまで煮つめる．これを撹拌しながら約40℃に冷ます．
④ ③を流し箱に入れて冷やし固める．
⑤ 桜の葉をよく洗い，水気をふいて葉の表にのせて包む．

point&study

●寒天
(1) 寒天は紅藻類のてんぐさ，おごのりなどを主原料とし，主成分はアガロースである．90℃以上で完全なゾルとなり，ゲル化温度は35〜43℃と高く，室温でも十分ゲル化する．ゲル化濃度は0.5〜2.0％である．寒天ゲルは強固であるが，時間の経過とともに離漿が起こる．
(2) 寒天は十分に時間をかけて膨潤させる．
● あんを入れてから長時間撹拌すると腰が弱くなるので注意する．
● あんは比重が大きいので適温で流さないと分離してあんが沈殿する．

栄養量（1人分）

料理名	エネルギー(kcal)	たんぱく質(g)	脂質(g)	炭水化物(g)	食物繊維総量(g)	食塩相当量(g)
五目炊き込みご飯	330	10.8	1.0	65.6	1.4	1.1
しめ卵の清汁	58	4.9	3.6	0.9	0.1	1.4
白和え	86	3.1	1.4	15.3	1.8	0.6
水羊羹	71	3.2	0.2	14.4	2.7	0.0
合計	545	22.0	6.2	96.2	6.0	3.1

応用

- この献立のたんぱく質源は五目炊き込みご飯の鶏ささみ，締め卵の清汁の卵，白和えの豆腐があるが，通常の献立では，主菜を加えるとよい．その際には，献立中のたんぱく質源となる食材の分量を少なくすることや，他の食材・料理に変更するなどの工夫をする必要がある．主菜は魚，肉など焼き物，煮物，蒸し物など材料や調理法を問わず，味に変化が生まれるようなものを用いる．

- **しょうゆ味ご飯のバリエーション**

	副材料	米の重量に対する具の割合（％）	調味料を加える時期
たけのこご飯	たけのこ，鶏肉，油揚げなど	30〜40	共炊きは最初から，別炊きは消火前
きのこご飯	まつたけ，きのこ類	30	沸騰後
炊き込みご飯	鶏肉，油揚げ，貝類など	40〜50	共炊きは最初から，別炊きは消火前
鯛飯	鯛	50	最初から

- **食事療養への応用**

■たんぱく質制限食

(1) 五目炊き込みご飯：鶏ささみを除く．
(2) 締め卵の清汁：締め卵を他の食材に変更する．わかめやしめじ，たけのこなど季節に応じた食材を用いる．
(3) 白和え：ごま和えや煮物に変更する．

MEMO

07 日本料理：実習

menu
1. 親子丼
2. かつおのすり流し汁
3. わらび餅

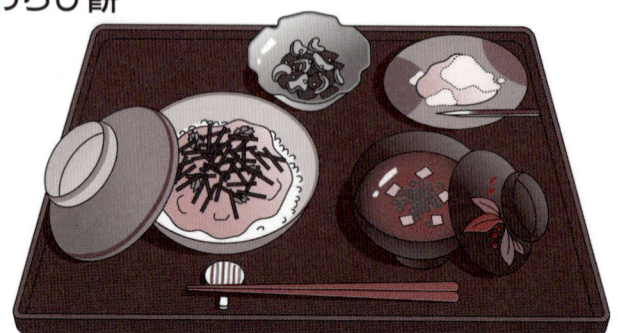

学習テーマ
- 丼物
- すり流し汁
- わらび粉の扱い方

1 親子丼

材料	分量（1人分）	●人分重量（g）
米	80 g	
水	米の1.5倍	
鶏肉	30 g	
生しいたけ	10 g	
たまねぎ	30 g	
みつば	5 g	
卵	1個	
合わせだし	80 ml	
だし汁	50 ml 合わせだしの62.5 %	
しょうゆ	だし汁の30 % 合わせだしの18.75 %	
みりん	だし汁の30 % 合わせだしの18.75 %	
のり	1枚（松葉のり・もみのり）	

■ 作り方

① ご飯を炊く．

② 合わせだしを作る：混合だしをとり，調味料をすべて合わせておく．

③ 鶏肉は小さめのそぎ切りにする．しいたけ，たまねぎは薄切りにし，みつばは2〜3 cm長さに切る．

④ 親子鍋に分量の合わせだしを入れ，一煮立ちさせたところに鶏肉を入れて約2分煮る．

日本料理●実習 07

⑤ 肉に火が通ったら，たまねぎ，しいたけを入れ，一煮立ちしたらみつばを入れる．
⑥ 静かに煮立つ程度の火加減にしたら卵を回し入れ，鍋蓋をして煮る．卵が半熟になったら火を止める．
⑦ 温かいご飯を盛った丼に親子鍋を揺り動かしながら，鍋をずらすようにして具をのせ，焼きのりを散らす．

＊1人ずつ作るので，材料はあらかじめ人数分に分けておくとよい．

●具ののせ方（揺り動かしながらのせる）

point&study

● 丼飯はご飯と具が1つの丼に盛られたもので，一品で食事となる．具の割合は飯の重量の40〜60％を目安にする．具の味付けは煮物なので約2％の塩味にし，飯と合わせた塩味は約0.7％のでき上がりにする．
● 比較的汁の多いとろろ汁，卵でとじた親子丼，かつ丼，具と汁が別の天丼，汁のない二色丼，照り焼きを利用したうなぎ丼，など種類も多い．

2 かつおのすり流し汁

材料	分量（1人分）	●人分重量（g）
昆布だし（2％）	150 ml	
赤みそ	だし汁の8％	
かつお落とし身	だし汁の10％	
片栗粉	だし汁の0.5％	
豆腐	20 g	
あさつき	5 g	
粉さんしょう	少々	

■ 作り方

① かつおの落とし身（切れ端や骨についている身をこそげ取る）を包丁でたたき，すり鉢でする．
② 豆腐は1cm角に切る．あさつきは小口切りにする．
③ だし汁にみそを入れて溶きのばし，一煮立ちしたら火から下ろして冷ます．
④ 冷ましたみそ汁を少しずつすり鉢に入れながらのばし，鍋に移して一煮立ちさせた

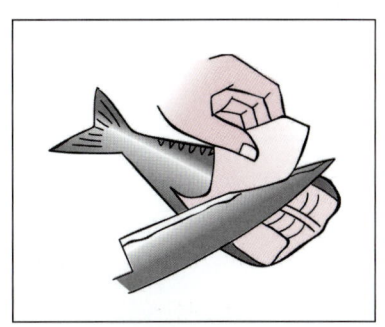

●かつおの大名おろし　頭を取った後，中骨に沿って尾までおろす．

ら，水溶き片栗粉でとろみをつけ，豆腐を入れる．
⑤ 椀に盛り付け，あさつきをのせる．吸い口に粉さんしょうを添える．

point&study

- かつおは身がやわらかいため大名おろしにするので，あらについている多くの身をかき取って利用するとよい．
- みそは冷やし，一度にすり身の中へ入れずに少しずつ入れ，徐々にすりのばす．
- デンプンで汁に濃度をつけておくと，身が均一に汁の中に散って沈まない．
- すり流し汁は魚の種類によって，みその種類を選ぶとよい．えび，かになどは，すまし仕立てにして濃度をつける場合もある．
- すり流し汁，呉汁は汁が主で濃厚なので，実は沈みにくい．じゅんさいや小さく切った豆腐，みつばなど軽いものがよい．

④ わらび餅

材料	分量 (流し箱15×15cm型：約5人分)	●人分重量（g）
わらび粉	100 g	
水	500 mℓ	
グラニュー糖	50 g	
きな粉	30 g	
砂糖	20 g	

■ 作り方

① わらび粉に分量の水を加え，グラニュー糖を加える．
② 万能こし器でこしながら，鍋に入れる．
③ 中火にかけ，木杓子で底から混ぜながらとろみをつける．
④ 糊化しはじめたら火から下ろし，白濁するまでよく混ぜる．
⑤ さらに火にかけて，中火で透明になるまでよく練る．
⑥ 水でぬらした流し箱に流し入れて冷やし固める．
⑦ 固まったら2 cm角に切り，きな粉に砂糖を混ぜたものをかける．

point&study

- わらび餅を冷やしすぎるとαデンプンがβ化し，白濁するので注意する．
- わらび餅を切るときは，まな板や包丁などを水でぬらしてから使用すると，くっつかずに切りやすい．

栄養量（1人分）

料理名	エネルギー (kcal)	たんぱく質 (g)	脂質 (g)	炭水化物 (g)	食物繊維総量 (g)	食塩相当量 (g)
親子丼	501	18.7	11.7	74.2	1.8	2.5
かつおのすり流し汁	61	7.1	1.6	4.5	0.7	1.9
わらび餅	152	2.0	2.0	32.7	1.0	0.0
合計	714	27.8	15.3	111.4	3.5	4.4

応用

- この献立は野菜類の使用が少ないので，副菜を添えることが望ましい．
- 副菜にはおひたし，酢の物，和え物などがよい．また，汁物は野菜類が多く入っている具だくさんの汁物にする．

●丼物の応用例

月見どんぶり：鶏肉，まつたけ，ねぎ，卵

木の葉どんぶり：かまぼこ，みつば，卵

柳川どんぶり：どじょう，ごぼう，卵

深川どんぶり：貝のむき身，ねぎ，卵

かつどんぶり：豚肉のカツレツ，卵

牛どんぶり：牛肉，ねぎ，卵

きつねどんぶり：油揚げ，ねぎ，卵，のり

●食事療養への応用

■たんぱく質制限食

(1) 親子丼：鶏肉と卵を使用するので，鶏肉の照り焼き重や，卵そぼろなど，どちらか一方を使用するとよい．また，鶏肉の照り焼き重は鶏肉を塊の状態で調理し，焼き上がってから薄くそぎ切りにして，広げるように盛り付けると，見た目にも満足感が得られる．

(2) かつおのすり流し汁：かつおまたは，豆腐のどちらかを使用しない．豆腐だけの場合には，豆腐のすり流し汁にでき，軟菜食などにも用いることができる．また，たんぱく質源となるかつお，豆腐の両方を用いない場合には，なめこやその他の食材を用いた汁物にするとよい．

MEMO

08 日本料理：実習

menu
1. ちらし寿司
2. 蛤の潮汁
3. 葛桜

学習テーマ
- すし飯
- 潮汁について
- 貝の取り扱い方
- くず粉の扱い方

1 ちらし寿司

材料	分量（1人分）	●人分重量（g）
米	100 g	
水	米の1.3倍－酒の量	
酒	米の3％	
昆布	水＋酒の2％	
合わせ酢		
酢	米の13％	
砂糖	米の3〜5％	
食塩	米の1.5％	
かんぴょうの含め煮		
かんぴょう(乾物)	3 g	
だし汁	乾物の3倍	
砂糖	乾物と同量	
しょうゆ	乾物の80％	
しいたけの含め煮		
干ししいたけ	4 g（1枚）	
だし汁（もどし汁）	乾物の10倍	
砂糖	乾物と同量	
しょうゆ	乾物の80％	
酢ばす		
れんこん	20 g	
酢	材料の10％	

	食塩	材料の2％
	砂糖	材料の5〜8％
魚のそぼろ		
	白身魚（たら）	20g
	砂糖	魚の15％
	食塩	魚の1.5％
	酒	魚の10％
	食紅	少々
さやえんどう		6g
錦糸卵		
	卵	1/2個
	砂糖	卵の5％
	食塩	卵の0.5％
のり		
しょうがの甘酢漬け		

■ 作り方

すし飯

① 米は炊く30分〜1時間前に洗ってざるに上げ，水気をきる．
② 米は湯炊きにする．分量の水に昆布，酒を入れ，沸騰したら昆布を取り出し，ざるに上げておいた米を入れ，さっと混ぜて炊く．沸騰したら中火にし，以後通常の火加減で炊飯する．

●すし飯の冷まし方

切るように混ぜる

③ 炊飯中に合わせ酢を一煮立ちさせておき，すし桶（飯台・板台）の内側を2％の酢水でふいておく．
④ 炊きたての飯をすし桶に移し，合わせ酢を全体にかけ，しゃもじで切るように混ぜる．蓋またはぬれ布巾をして約1分おく．
⑤ うちわであおぎながら切るように上下を返し，平均に冷ましてつやを出す．

かんぴょうの含め煮

① かんぴょうは水で湿らせ，塩でもんだ後，水洗いし，湯で下煮しておく．
② 鍋にだし汁と調味料を入れ，下煮したかんぴょうを煮含める．冷めたらせん切りにする．

しいたけの含め煮

① もどしたしいたけは石づきを除き，もどし汁に調味料を加えて汁がなくなるまで

煮含める.
② 冷めたらせん切りにする.

魚のそぼろ
① 魚の皮, 骨, 血合いを除いてさいころ大に切り, 熱湯で茹でる. 火が通ったら湯をきり, 布巾に包んで流水でもみほぐした後, すり鉢でする.
② 鍋に調味料, 水で溶いた食紅, すった魚を入れ, 弱火で炒り煮する.

酢ばす
① れんこんは皮をむいて薄い輪切りにし, 酢水に浸す.
② 鍋に調味料を入れて沸騰させ, れんこんを入れ, 4～5分煮て白く仕上げる.

錦糸卵
① 卵をよく溶き, 調味料を加えてよく混ぜる.
② 卵焼き器またはフライパンを熱し, 油をなじませたら余分な油はもどす. ジュッと音がする温度（190℃前後）になったら卵液を流して全体に広げる.
③ 焼けたら菜箸で端からはがして裏面をさっと焼き, ざるにのせて冷ます.
④ 冷めたら適当な幅に卵を切り, せん切りにする.

さやえんどう
① 色よく塩茹でする.
② ななめせん切りにする.

盛り付け
① すし飯にかんぴょう, しいたけを混ぜて器に盛る.
② 他の具を上に飾り, 松葉のり, しょうがの甘酢漬けなどをあしらう.

point & study
- すし飯は粘りを少なく炊き上げるため, 炊飯は湯炊き法で行う.
- 米は粘りの少ないものを選ぶ. 水加減は通常より少なく, 重量比で1.3～1.4倍が適している. ややかために炊き上げることで, 合わせ酢が浸透しやすくなる.
- ちらし寿司の具は, すし飯重量の50％とする. 上置きの少ない関西風の場合には35％くらいである.
- 青味の具は, 中に混ぜると酢のために色が悪くなるので, 上に飾る.
- すし飯に混ぜる材料は, 汁気がなくなるまでしっかりと含め煮をする. 水分が残っているとすし飯がべたべたしてしまう. 具は, すし飯がやや温かみのあるときに混ぜると混ざりやすい.

2 蛤の潮汁

材料	分量（1人分）	●人分重量（g）
蛤	中2個	
水	150 mℓ	
酒	水の3％	
昆布	水の1％	
食塩	少々	
木の芽	1枚	

■ 作り方

① 砂をはかせた蛤を洗って貝の汚れを取る．
② 鍋に水・酒・蛤・昆布を入れて強火にかけ，蛤の口が開いたら取り出す．
③ 貝の茹で汁は，火を弱めて上に浮いたあくを取り，こす．再び火にかけ，食塩を入れて調味し，火を止める．
④ 貝の中の砂の有無を確かめ，砂がある場合には貝から身を離して水洗いをし，殻にもどす．
⑤ 具を器に入れて汁を注ぎ，木の芽などの吸い口を添える．

point&study

- 蛤はひたひたの3％の食塩水（海水の塩分濃度）に一晩おき，十分砂をはかせる．
- 貝類の肉繊維は加熱によりかたくなるので，長時間加熱しないこと．
- 潮汁は魚介類のうま味（コハク酸）を煮出した澄んだ汁料理なので，うま味に富んだ新鮮な材料を選ぶ．
- 貝類の生食は避ける．貝類の生息している場所には細菌が多く，洗っただけでは内臓中の細菌まで除ききれない．そのため，牡蠣のように生食をする場合には浄化海水による飼育や塩素消毒を行う必要がある．

③ 葛桜

材料	分量（5個分）	●人分重量（g）
くず粉	25 g	
砂糖	40 g	
水	120 ml	
こしあん	150 g	
桜の葉	5枚	

■ 作り方

① あんは5個に丸める．
② 蒸し器を弱火にかける．
③ ボールにくず粉，砂糖，水を加えてよく溶き，こし器を通す．30 mlを別にとり，残りは小鍋に入れる．
④ くず粉液を木べらで鍋底から全体をかき混ぜるようにし，弱火でゆっくり加熱する．
⑤ 全体に均一な透明感が出たら火から下ろし，取り分けておいたくず粉液を加え，よく練り合わせる．
⑥ 手とスプーンを水でぬらし，くずを一すくいし，手のひらにとる．中心にあんをおいて包みながら形を整え，皿にのせる．
⑦ 蒸気の上がった蒸し器に布巾を敷き，その上に⑥の皿をのせて強火で5～6分蒸し上げる．
⑧ 蒸し上がったら布巾の端を持ち上げて皿を取り出して冷まし，冷めたら桜の葉で包む．

point & study

- くず粉はマメ科のくずの根からとったデンプンのこと．良質だが高価である．奈良県の吉野くず，福岡県の筑前くずなどが有名．
- くず粉は高価であるため，甘藷（さつまいも）やじゃがいもからとったデンプンが"くず"と称して市販されている．熱を加えても腰が強く，水っぽくならないのが特徴である．

栄養量（1人分）

料理名	エネルギー(kcal)	たんぱく質(g)	脂質(g)	炭水化物(g)	食物繊維総量(g)	食塩相当量(g)
ちらし寿司	564	14.5	3.3	117.7	4.1	3.3
蛤の潮汁	26	2.6	0.2	2.3	0.0	1.3
葛桜	95	3.0	0.2	20.3	2.0	0.0
合計	685	20.1	3.7	140.3	6.1	4.6

応用

- 副菜として菜の花のからし和えをつけ，お菓子の葛桜を桜餅に変更すると，ひな祭りの献立になる．
- **ちらし寿司のバリエーション**

    すしだねには好みのものを用いてよい．

    例）にんじん，ごぼう，れんこん，きゅうり，ぎんなん，栗，油揚げ，凍り豆腐，焼きあなご，えびそぼろ，さしみなど．

    数種のすしだねを用い，いずれも彩りよく，すし飯に混ぜ込んだり，上に盛り付けたりする．

MEMO

09 日本料理：実習

menu
1. 七夕そうめん
2. 白玉あんみつ

学習テーマ
- そうめんの扱い方
- 白玉粉の扱い方
- こしあんの作り方

1 七夕そうめん

材料	分量（1人分）	●人分重量（g）
そうめん	1束	
そうめん汁		
だし	120 mℓ	
薄口しょうゆ	だし汁の4％	
しょうゆ	だし汁の4％	
みりん	だし汁の4％	
食塩	だし汁の0.4％	
あしらい		
鶏ささみ	50 g	
芝えび	1尾	
卵	1/4個	
生しいたけ	1枚	
きゅうり	1/8本	

■ 作り方

① そうめん束の一端を木綿糸で結び，紙テープの綴じ目をはずして煮立った湯に入れる．

② 一吹きしたところで水を差して沈め（さし水，びっくり水），再び吹き上がったところで火を止める．

③ そうめんを冷水に移し，よく冷めたら結び目を持って軽くもみ，ぬめりを取り，盆ざるにのせる．

④ そうめん汁は分量の調味料を合わせ，一煮立ちさせてから冷ます．
⑤ 結び目を切ったそうめんを器に姿よく入れ，汁を注ぎ，あしらいを飾る．

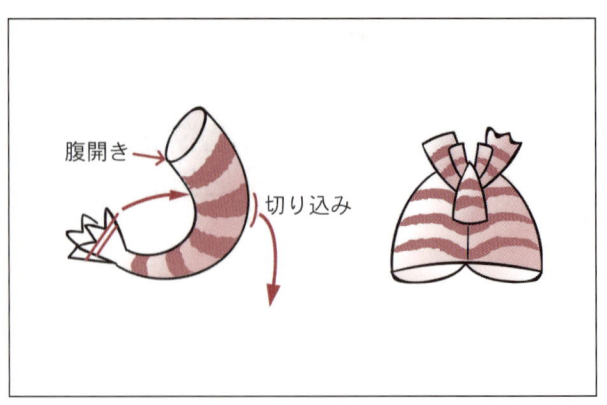

●花えびの作り方

あしらい
① 鶏ささみ：筋を取り，薄塩をして茹で，手で粗くほぐす．
② 芝えび：茹でて食べやすい大きさに切る．または，腹開きにして中央に切り込みを入れ，尾の先端を差し込んで花えびにし，塩茹でする．
③ 卵：卵の2％の砂糖を加えて溶きほぐし，錦糸玉子を作る．
④ 生しいたけ：軸を取り，笠の裏に塩少々をふって軽く焼き，せん切りにする．
⑤ きゅうり：塩ずりして3cm長さに切り，縦半分に切って薄い短冊切りにし，水にさらしてパリッとさせる．

point&study

- そうめんは麺を細くのばしたもので，切れないように食塩を多く添加している．また，のばす際には表面に油を塗っているのが特徴である．
- JAS規格では乾麺の太さが1.3 mm未満としている．手延べそうめん，機械そうめんがあり，手延べそうめんは腰が強く，曲げても折れにくいものがよく，2年以上たったものがよいとされる．機械そうめんは新しいものがよいとされている．
- そうめんは，表面に付着している酸化した油を取り除くため，茹でた後に水でもみ洗いする．
- 七夕そうめんは，七夕伝説にちなんで，そうめんを天の川に見立てて食べていたという説や，暑い時期に消化やのどごしがよく，食べやすいことから，食欲減退時に食べていたという説がある．

② 白玉あんみつ

材料	分量(流し箱15×15 cm型：約5人分)	●人分重量（g）
あん	でき上がり 240 g	
さらしあん	75 g	
砂糖	75 g	
水	190〜230 ml	
寒天		
棒寒天	2/3本（5 g）	
水	275 ml	
砂糖	11 g	

赤えんどう豆	25 g
黒蜜	でき上がり 150 g （寒天の 50〜60 %）
黒砂糖	75 g
砂糖	36 g
水	95 mℓ
白玉	
白玉粉	60 g
水	60 mℓ 程度
果物	
みかん缶	1/3 缶
黄桃缶	1/2 切れ
パイン缶	1 切れ
その他果物	適量

■ 作り方

① 赤えんどう豆は，豆重量の 5 倍の水に 0.6 % の食塩を加え，豆がよく膨れるまで一晩漬ける．

② そのまま中火にかけ，沸騰したら差し水をし，再び沸騰したらざるに上げて茹で汁を捨てる（あく抜き）．

③ 豆を鍋に移し，豆（乾燥）重量の 5 倍の水に 0.6 % の食塩を加えて中火にかけ，沸騰したら弱火にし，ときどき差し水やあくを取りながらやわらかくなるまで煮る．

④ 指で軽くつまみ，つぶれるようになったら茹で水を捨て，熱いうちに少量の食塩で味付けをする．

⑤ 棒寒天は洗って水気を絞り，分量の水に 30 分以上漬けてから煮溶かす．250 g になったら砂糖を加え，こしながら流し箱に入れて冷やし固め，1 cm 角に切る．

⑥ さらしあんはボールに入れ，水を加えてしばらくしたら水を捨て，砂糖，水を入れて火にかける．仕上がりは 240 g に練り上げる．

⑦ 黒蜜の材料を合わせて煮溶かし，分量まで煮詰めて冷ましておく．

⑧ 白玉粉に水を加え，1〜2 分おいてからこねる．小さく丸めて沸騰水中で浮き上がるまで茹で，水にすくい取り，水をきって器に盛る．

⑨ 果物はそれぞれ食べやすい大きさ，美しさに切る．

⑩ 器に寒天，赤えんどう豆，白玉を盛り，果物を飾り付けて黒蜜を添える．

point & study

- 白玉粉はもち米を水に浸し，磨砕して水でさらした後，乾燥粉末にしたものである．以前は寒中に水でさらして作ったので，"寒晒粉"ともいう．きめが細かく，光沢があるものが良品で，水を加えて練ったものを丸め，蒸す，茹でるなどして氷あずき，しるこ，求肥など和菓子の材料に欠くことができないものである．
- 白玉粉をこねるときは一度に水を加えず，かたさを見ながら少しずつ加えていくと，耳たぶ程度のかたさに調整しやすい．

- 求肥は，白玉粉に砂糖と水あめを加えて作ったもち状の菓子であるが，デンプンの老化が遅延するため，長時間おいてもかたくなりにくい．

栄養量（1人分）

料理名	エネルギー(kcal)	たんぱく質(g)	脂質(g)	炭水化物(g)	食物繊維総量(g)	食塩相当量(g)
七夕そうめん	234	19.6	2.5	30.8	1.3	3.8
白玉あんみつ	275	5.5	0.3	63.5	5.5	0.0
合計	509	25.1	2.8	94.3	6.8	3.8

応用

- そうめんのあしらいは，好みにより別に添えてもよい．
  例）てんぷら，うなぎの蒲焼き，焼きなすなど
  また，より七夕らしさを演出するには，薄焼き卵を星型で抜いて飾り付けたり，オクラを輪切りにして添えるとよい．
- あんみつに添える材料は，季節や好みに合わせてよい．
  例）つぶあん，アイスクリーム，求肥，半干し杏など
  あんこを除くと，みつ豆になる．

MEMO

10 日本料理：実習

menu
1. 田作り
2. 伊達巻き
3. 栗きんとん
4. 紅白なます
5. 松風焼き
6. 黒豆
7. かずのこ
8. 昆布巻き

📖 **学習テーマ**
- おせち料理

日本料理／西洋料理／中国料理／各国料理

1 田作り

材料	分量（1人分）	●人分重量（g）
ごまめ	10 g	
砂糖	ごまめの100％	
みりん	ごまめの100％	
しょうゆ	ごまめの12％	
酒	ごまめの160％	

■ **作り方**
① ごまめは腹わたを取り，布巾できれいに汚れを取る．
② ごまめを空炒りし，ポキンと折れる程度になったら盆ざるに広げて冷ます．空炒りするときには火のあたりがやわらかい土鍋などを用いるとよい．
③ 砂糖，みりん，しょうゆ，酒を鍋に入れて火にかけ，泡が大きくなってきたらごまめを入れる．
④ 煮汁をすばやくごまめにからませて火を止め，オーブンシートを敷いたバットに広げて，うちわであおいで冷ます．

2 伊達巻き

材料	分量（5人分）	●人分重量（g）
卵	4個	
白身魚のすり身	卵の50％	
みりん	卵とすり身の13％	
砂糖	卵とすり身の13％	

薄口しょうゆ	卵とすり身の 2 %
だし汁	卵とすり身の 20 %
食塩	卵とすり身の 0.7 % （用いたすり身の塩加減による）

■ 作り方

① 魚のすり身は，すり鉢で粘りが出るまでよくすり，調味料を加えてさらにする．
② 卵を割りほぐしたら，すり身に少しずつ入れて徐々にすりのばす（卵は割りほぐしたものを放置すると腰が弱くなるので，すぐに調理すること）．
③ 油を引いた卵焼き鍋に卵液をすべて流し入れ，蓋をして弱火でゆっくり焼く．
④ 鬼すだれの上に焼いた面を下にしてのせ，熱いうちに巻き，ときどき締めることを数回行い，冷めてから切る．

3 栗きんとん

材料	分量 (1人分)	●人分重量 (g)
栗の甘露煮	3～4 個	
さつまいも	栗の重量の 1.3～1.7 倍	
くちなしの実	1/2 個	
砂糖	いも（裏ごし）の 60 %	
栗の甘露煮のシロップ	いも（裏ごし）の 65 %	
みりん	いも（裏ごし）の 24 %	
食塩	いも（裏ごし）の 0.6 %	
水あめ	いも（裏ごし）の 42 %	

■ 作り方

① さつまいもは 1 cm 厚さに切って皮を厚くむき，焼きみょうばん水（水 800 ml＋焼きみょうばん小さじ 2 杯）に 30 分浸してあくを抜く．
② いもを水洗いし，かぶるくらいの水と 2 つに割ったくちなしの実を入れて，いもがやわらかくなるまで茹でる．途中，好みの色になったらくちなしの実は取り出す．
③ カップ 1/2 程度の茹で汁を残して水をきり，いもに砂糖の 2/3 量を加えて木べらでつぶして裏ごす．
④ ③を鍋にもどし，残りの砂糖とシロップ，みりん，食塩を加えて混ぜ，弱火にかける．焦がさないように軽く煮詰める．
⑤ 栗の甘露煮と水あめを加えて混ぜ，さらに煮詰める．煮詰める際には焦がさないことと，栗を崩さないように気をつける．
⑥ 鍋の底に線が描けるように煮つめたら，バットにひとかたまりずつ取って冷ます．

4 紅白なます

材料	分量（1人分）	●人分重量（g）
だいこん	50 g	
にんじん	10 g（だいこんの20％まで）	
食塩	だいこん，にんじんの2％	
ゆずの皮	少々	
合わせ酢	だいこん＋にんじんの30％	
酢	全体量の70％	
砂糖	全体量の18.5％	
食塩	全体量の1％	
だし汁	全体量の10.5％	

■ 作り方

① だいこんは4cm長さの輪切りにする．皮をむいた後かつらむきにし，細いせん切りにする．にんじんは3cm長さに切り，だいこんと同様せん切りにする．
② だいこんとにんじんを別々のボールに入れ，それぞれ2％の食塩でもみ，しんなりしたら水を絞る．
③ 合わせ酢を合わせ，一煮立ちさせたら冷ます．
④ 水気をきっただいこん，にんじん，せん切りにしたゆずの皮，合わせ酢を合わせてゆず釜に盛り付ける．

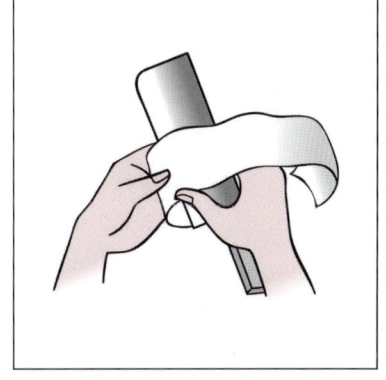

●だいこんのかつらむき

●ゆず釜

5 松風焼き

材料	分量 (15×15 cm 型：約 5 人分)	●人分重量（g）
鶏ひき肉	400 g	
砂糖	肉の 10 %	
酒	肉の 3.8 %	
みりん	肉の 4.5 %	
白みそ	肉の 4.5 %	
食塩	少々	
卵	1 個	
片栗粉	全体量の 1.5 %	
しょうがの絞り汁	全体量の 3.8 %	
けしの実	全体量の 2〜2.5 %	

■ 作り方

① 鶏ひき肉の 1/2 量に砂糖の半量と酒を入れて箸 4〜5 本で空炒りし，熱いうちにすり鉢に入れてよくする．

② よくすれて冷めたら残りの鶏ひき肉を加えてよくすり混ぜ，みそ，食塩，片栗粉，しょうがの絞り汁，卵を加えて粘りが出るまでよくする．

③ 内側に薄く油を塗った流し箱に②をきれいに詰め，表面にけしの実をふり，200°Cのオーブンで 20 分，170〜180°C で 10 分焼き，冷めてから形よく切り分ける．

6 黒豆

材料	分量（1 人分）	●人分重量（g）
黒豆（乾）	30 g	
水	100 ml	
食塩	水の 0.3 %	
砂糖	黒豆（乾）の 200 %	
しょうゆ	黒豆（乾）の 12 %	
ちょろぎ	適量	

■ 作り方

① 黒豆は，新豆は煮上がりが茶色くなることもあるので，きちんと保存された古い豆を使用する．豆の虫食いや皮のむけたものなどを除き，手早く水で洗う．

② 厚手の深鍋に水，食塩，黒豆を入れて一晩ふっくらともどす．

③ ②に鉄材（さび釘），砂糖を加え，ガーゼまたは紙タオルを表面にきっちりとかぶせて落とし蓋にする．

④ 吹きこぼれないように注意して煮立て，ごく弱火にして 3〜4 時間，豆がやわら

かくなるまで煮る．
⑤しょうゆを加えて火を止め，蓋をしたまま冷ます．
⑥器に盛り，ちょろぎをあしらう．

7 かずのこ

材料	分量（1人分）	●人分重量（g）
かずのこ（塩蔵）	30 g	
調味液	かずのこの1.5～2.5倍	
だし	調味液全量の82％	
酒	調味液全量の6％	
みりん	調味液全量の6％	
薄口しょうゆ	調味液全量の6％	
削り節	適宜	

■ 作り方

①かずのこはたっぷりの薄い塩水に5～6時間浸し，塩味が少し残る程度に塩抜きする．
②かずのこのまわりの薄皮を指先でこすり取り，ひだの間に残ったものは竹串で取り除く．水洗いして水気をふき，酒大さじ1杯をふる．
③ボールに調味料をすべて入れてひと煮立ちさせ，冷やしてからかずのこを入れて一晩以上おく．
④食べやすい大きさにそぎ切りにし，削り節をまぶす．

8 昆布巻き

材料	分量（5人分）	●人分重量（g）
昆布（日高昆布など）	80 g	
かんぴょう（乾燥）	20 g	
酒	昆布＋かんぴょうの75％	
酢	昆布＋かんぴょうの5％	
しょうゆ	昆布＋かんぴょうの72％	
砂糖	昆布＋かんぴょうの54％	
みりん	昆布＋かんぴょうの36％	

■ 作り方

①昆布は5カップくらいの水にさっとくぐらせ，水気をきってやわらかくなるまでしばらくおく．かたく絞ったぬれ布巾で両面の汚れをふき，5～6 cm長さにそろえて切る．昆布をくぐらせた水は紙タオルでこし，とっておく．
②かんぴょうは水でさっと洗い，3分ほど水に浸して食塩でもむ．食塩を洗い流し

て水気をきる．
　③昆布の切り口を左右にして，2～3枚ずつ手前からくるくると巻き，かんぴょうで緩めに二巻きして結ぶ．
　④平鍋に昆布巻きの結び目を下にして並べ，動かないように落とし蓋をし，端から①の昆布水をかぶるくらいに注ぐ．さらに，酒と酢を加え，弱めの中火で30分ほど煮る．
　⑤竹串がすっと通るようになったら砂糖，しょうゆの半量を加えて15分煮て，残りのしょうゆ，みりんを加えて汁気がなくなるまで煮含める．
　⑥冷めたら両端を湿らせた包丁で少し切り落とし，形を整える．

point&study
●重詰めの種類と方法

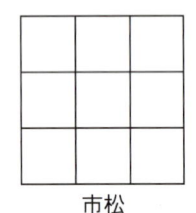

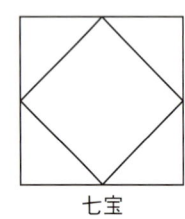

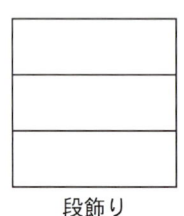

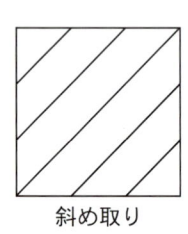

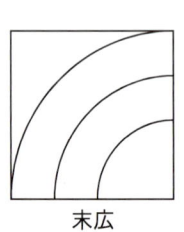

　市松　　　七宝　　　段飾り　　　斜め取り　　　末広

一の重（祝い肴）：御屠蘇と一緒に出す．保存を考え，生に近い状態で，日持ちのよい昆布じめや酢じめが使われる．
二の重（口取り）：吸い物とともに出す．甘いものを中心としたもの．
三の重（焼き物）：さわら，甘鯛などの焼き物．うずらの照り焼きなど．
与の重（煮物）　：筑前煮など彩りを考えて盛り付ける．
三種肴（黒豆，田作り，かずのこ）は，これらがあれば昔は立派にお正月が迎えられたというほど，正月料理の基本となるものである．

■黒豆
黒豆は苦労をいとわずに働く忠実（まめ）と達者健康を意味する（まめ）をかけ，まめに暮せるようにという願いが込められている．関西では黒豆ではなく，力を意味するたたきごぼうが入る．

■田作り（ごまめ）
ごまめは「五万米」と字を当て，五穀豊穣を願い，かつては田んぼの肥料としても使われていたことから田作りと呼ばれる．

■かずのこ
かずのこはにしんの卵なので，二親からたくさんの子どもができることにあやかって，両親健在でたくさんの子どもに恵まれる「子孫繁栄」を願っている．

■栗きんとん
栗きんとんは「金団」（金の塊）と書き，経済発展や豊かな暮らしを願う．

■伊達巻き・昆布巻き
伊達巻きや昆布巻きは巻いてある姿を書物に見立て，文化の繁栄を願う．また，昆布は「喜ぶ」に通じる縁起物である．

■紅白なます
白いだいこんは「鏡草」ともいわれ，祝いの儀式に使われる．これに，にんじんを加えて紅白にし，平安への願いを込める．

■車えび
車えびは長いひげと腰が曲がっている姿を老人に見立て，腰が曲がるまで元気でいられるように長寿を願う．

- ■ 日の出かまぼこ
  日の出かまぼこは力強くのぼる初日の出にあやかって学業や仕事の成功を願う．
- ■ ちょろぎ
  ちょろぎはしそ科の植物の地下茎の先端が肥大したもの．「長寿喜」「千代呂木」とも書き，長寿を願うものである．
- ■ ゆず
  ゆずは黄色が太陽や生命力の象徴とされているので，縁起のよいものとされている．

●正月明けの行事

1月7日	七草粥	1月7日の朝に七草粥をいただき，無病息災を願う．昔は疫病の流行が多かったため，雪の下でも育つ若草の生命力を取り入れて，邪気払いをしたいという願いが込められていた．行事粥なので，ハレの日の食べ物である餅を必ず入れる． 七草：せり，なずな，ごぎょう，はこべら，ほとけのざ，すずな，すずしろ
1月11日	鏡開き	お供えしていた鏡餅はかたくなり，刃物では切れないため，木づちなどでたたき，ひび割れたところからかきとって使う．
1月15日	小正月	旧暦の古代正月の名残りで，元旦から始まる大正月に対して小正月と呼ばれる．この日は五穀豊穣を願う農耕儀礼の一つとして小豆粥を食べる習慣がある．七草粥と同様に餅を入れる．五穀：米，麦，豆，栗，ひえ

栄養量（1人分）

料理名	エネルギー(kcal)	たんぱく質(g)	脂質(g)	炭水化物(g)	食物繊維総量(g)	食塩相当量(g)
田作り	108	6.8	0.6	14.9	0.0	0.4
伊達巻き	97	6.4	3.1	19.4	0.0	0.5
栗きんとん	402	1.3	0.3	98.8	2.1	0.2
紅白なます	22	0.3	0.1	5.2	0.9	0.7
松風焼き	146	10.1	7.5	8.1	0.4	0.3
黒豆	202	10.3	5.4	29.2	4.8	0.3
かずのこ	33	4.8	0.9	0.9	0.0	0.6
昆布巻き	73	1.7	0.1	17.5	3.5	2.0
合計	1083	41.7	18.0	194.0	11.7	5.0

MEMO

西洋料理

実習 11
- サンドウィッチ
- グリーンサラダ
- スコン
- 紅茶

実習 12
- コンソメジュリエンヌ
- プレーンオムレツ
- カスタードプディング

実習 13
- じゃがいものポタージュ
- にじますのムニエル
- ワインゼリー

実習 14
- マカロニグラタン
- フルーツサラダ
- レモンピールケーキ

実習 15
- ビーフストロガノフ
- マセドアンサラダ
- ブッシュドノエル

実習 16
- ローストチキン
- フルーツパンチ

Western

西洋料理の特徴

西洋料理は欧米料理の総称であるが，その中心をなしているのはフランス料理である．

北欧	北海やバルト海で獲れる魚料理
東欧	肉料理
南欧	オリーブ油，にんにく，ハーブなどを用いたパスタ，米料理
フランス	食材も料理法も多様．良質のバター，チーズ，ジビエ，ワイン，パン，特殊材料（トリュフ，フォアグラなど）を用いた高級料理が多い．
アメリカ	加工食品，ファストフード，機能性食品がみられる．

一般的な特徴

・主食，副食という食体系がない．獣鳥肉類を中心に植物性食品を付け合わせにする．
・油脂類，ワインが多く使用され，また，多種の香辛料を用いて香味を高める．
・ソースが工夫され，材料や調理法に変化を与える．
・一皿一皿の料理が独立性をもっている．

献立構成

・アペタイザー：前菜，スープ（サラダ）
・主菜（メインディッシュ）：魚料理，肉料理
・副菜：野菜料理（サラダ）
・デザート：デザート，飲物
・パン，バター

テーブルセッティング

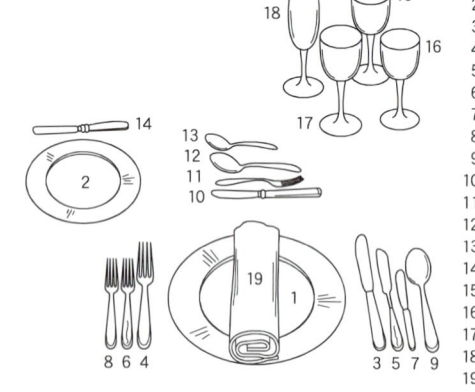

1. 位置皿
2. パン皿
3. ミートナイフ
4. ミートフォーク
5. フィッシュナイフ
6. フィッシュフォーク
7. 前菜用ナイフ
8. 前菜用フォーク
9. スープスプーン
10. デザートナイフ
11. デザートフォーク
12. デザートスプーン
13. コーヒースプーン
14. バタースプレダー
15. 赤ワイングラス
16. 白ワイングラス
17. ゴブレット
18. シャンパングラス
19. ナプキン

正餐のテーブルセッティング（イギリス式）

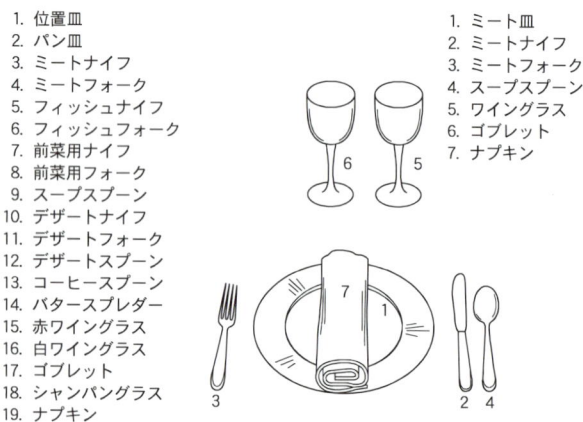

1. ミート皿
2. ミートナイフ
3. ミートフォーク
4. スープスプーン
5. ワイングラス
6. ゴブレット
7. ナプキン

日常のテーブルセッティング

西洋料理：実習 11

menu
1. サンドウィッチ
2. グリーンサラダ
3. スコン
4. 紅茶

学習テーマ
- パンの扱い方
- サラダ・ドレッシング
- 焼き菓子
- 紅茶

1 サンドウィッチ　Sandwiches

(1) Closed sandwiches

材料		分量（1人分）	●人分重量（g）
食パン(12枚切り)		3枚	
	バター	10 g	
	練りからし	バターの6％	
A	ボンレスハム	1/2枚	
	チーズ	1/2枚	
B	きゅうり	15 g	
	トマト	15 g	
	食塩	きゅうり＋トマトの1％	
	こしょう	少々	
	酢	きゅうり＋トマトの2％	
	マヨネーズ	きゅうり＋トマトの8％	
C	コンビーフ缶詰	15 g	
	たまねぎ	5 g	
	クリームチーズ	10 g	
	牛乳	適量	
	こしょう	少々	

■ 作り方

① 3枚の食パンを半分に切って6枚とする．バターと練りからしを混ぜてすべてのパンに塗り，塗った面を内側に合わせて用意しておく．

② Aの具材をパンにのせ，もう1枚のパンをのせる．

③ Bのきゅうり，トマトは薄切りにし，トマトは種を除いてから食塩，こしょう，酢に漬け，味をなじませてからパンにのせる．マヨネーズをかけてもう1枚のパンをのせる．

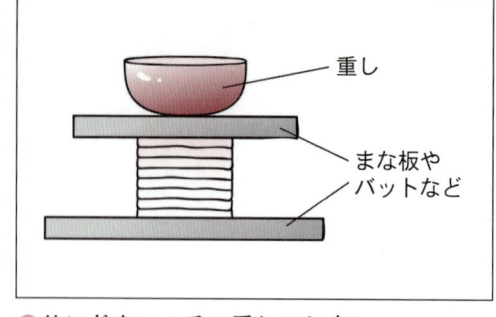

●サンドウィッチの重しのし方

④ Cは，たまねぎを細かいみじん切りにし，布巾に包んで水にさらしておく．コンビーフ，さらしたたまねぎ，クリームチーズ，こしょうを混ぜ，かたい場合には牛乳でかたさを調節する．

⑤ サンドウィッチを重ね，ぬらした布巾を固く絞ったものに包み，まな板を上にのせる．軽く重しをのせて，しばらくおく（フィリングを落ち着かせるため）．

⑥ パンの周囲の耳を切り落とし，好みの形に切って盛り付ける．

(2) ピタパンサンド

材料	分量（1人分）	●人分重量（g）
ピタパン	1/2枚	
レタス	1枚	
ポークビーンズ		
豚ひき肉	15 g	
ベーコン	8 g	
たまねぎ	15 g	
大豆の水煮缶	20 g	
サラダ油	材料の1.25％	
水	材料の20％	
固形スープの素	材料の1.7％	
トマトケチャップ	材料の18％	
ウスターソース	材料の9％	
タバスコ	少々	
食塩	少々	
こしょう	少々	

■ 作り方

① レタスの水分はよくふき取り，せん切りにしておく．

② ベーコン，たまねぎはみじん切りにする．大豆の水煮缶は水をきる．

③ ベーコン，たまねぎを中火で3～4分炒め，豚ひき肉を加え，色が変わるまで炒める．

④ ③に水と固形スープの素，大豆を入れ，一煮立ちしたら，トマトケチャップ，ウ

スターソースを加え，混ぜながら水分がなくなるまで弱火で炒める．
⑤ 食塩，こしょう，タバスコで味を整える．
⑥ ピタパンはオーブントースターで温めて半分に切り，手でポケットを作る．
⑦ ピタパンにレタスとポークビーンズ（フィリング）を詰める．

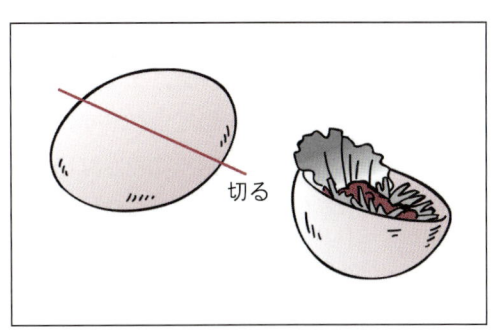

●ピタパン　切る

point & study

● **サンドウィッチ**
パンとパンの間に，卵や肉，チーズ，野菜などの材料をはさんだもので，勝負事の好きだったイギリスのサンドウィッチ伯爵が，勝負中に食べるために工夫したことから，この名がついた．用いるパンは，食パン，フランスパン，ライ麦パンなど，バラエティに富む．

● **サンドウィッチの種類**

Closed sandwiches	2枚のパンの間に材料をはさんだもの．またはプレーンサンドウィッチともいう．
Ribbon sandwiches	薄いパン3〜4枚に色彩と味を調和させた材料をはさんだ美しいもの．
Club sandwiches	焼いたパン3枚に材料をはさんだもの．
Open sandwiches	1枚のパンの上にいろいろな材料をのせたもの．
Rolled sandwiches	1枚のパンの上に材料をのせて巻き込んだもの．
Hamburger	丸型のパンにハンバーグステーキをはさんだもの．
Hot dog	細長いパンにウィンナーソーセージをはさんで焼いたもの．

● **ピタパン**
中近東で食べられている中が空洞になっているパンで，半分に切って中にいろいろな具を詰め，ピタサンドとして食べる．

● **フィリング**
"中身"や"詰め物"という意味で，サンドウィッチやケーキの場合のフィリングは間にはさむものをいい，パイやタルトなどの場合は中に詰めるものを指す．

● サンドウィッチ，ピタパン，フィリングなどを用意する際，ラップなどで包み乾燥を防ぐ．

2　グリーンサラダ　Salade verte

(1) グリーンサラダ

材料	分量（1人分）	●人分重量（g）
サニーレタス	15 g	
チコリ	10 g	
レタス	15 g	
サラダ菜	10 g	
クレソン	5 g	
セルフィーユ	5 g	

＊ドレッシングはサラダ重量の15〜20％

■ 作り方
① サニーレタス，チコリ，レタス，サラダ菜，セルフィーユは1枚ずつはがし，よく水洗いして食べやすい大きさにちぎり，水に放してからよく水をきっておく．食べる直前まで乾かないようにし，冷蔵庫で冷やしておく．
② クレソンはよく水洗いし，太い茎を除き，食べやすい長さに切っておく．
③ 大きめのボールにすべての野菜を合わせ，フレンチドレッシングを全体にかけて，ふんわりと混ぜ，盛り付ける（ドレッシングを別添えにする場合には，野菜のみを盛り付ける）．

（2）フレンチドレッシング 基本　French dressing, Sauce Vinaigrette

材料	分量（1人分）	●人分重量（g）
サラダ油	ドレッシング全体量の53％	
酢	ドレッシング全体量の45％	
食塩	ドレッシング全体量の2％	
こしょう	少々	
レモン汁	少々	

＊酢とサラダ油の割合は1:1〜1:3

■ 作り方
① ボールに食塩，こしょう，酢を入れてよく混ぜる．
② サラダ油を少しずつ加え，白っぽくなるまで撹拌し，仕上げにレモン汁を加える．

（3）マヨネーズソース　Sause mayonnaise

材料	分量（5〜10人分）	●人分重量（g）
卵黄	10％（1個）	
マスタード	0.6〜0.7％（1g）	
食塩	1％（1.5g）	
こしょう	少々	
砂糖	0.3〜0.4％（0.5g）	
酢	8〜10％（15g）	
サラダ油	78〜80％（108g〈120 mℓ〉）	

■ 作り方
① ボール（ホウロウ，ガラス製）に卵黄，マスタード，食塩，こしょう，砂糖を加えて混合する．
② 酢の1/3量を加え，ペースト状になるまでよく撹拌する．油の1/2量を数滴ずつ加えて撹拌し，クリーム状にする．
③ さらに酢の1/3量を少しずつ加えてやわらかいクリーム状にしたら，残りの油を少しずつ加えて混合する．
④ 最後に残りの酢を加え，好みのかたさに調整する．

point & study

● **サラダの種類**

サラダの種類は調理法でプレーンサラダ，コンビネーションサラダに大別できる．

(1) プレーンサラダ（Plain salads, Salades simples）…生のまま，または1種類を調理したものを用いたサラダをいう．主にグリーンサラダ（Green salads），季節のサラダ（Salad in season）である．サラダは肉料理とともに供され，用いられるソース類はフレンチドレッシング（French dressing）が主体である．

(2) コンビネーションサラダ（Combination salads, Salades composees）…生または調理された野菜類を混ぜ合わせソースで和えたものと，生または調理された野菜を，きのこ類，魚介類などを混ぜ合わせてマヨネーズで和えたものがある．コンビネーションサラダは一品料理にもなる．

● **サラダ調理上の留意点**

(1) 最も新鮮な野菜を選ぶ．
(2) 材料の取り合わせは色彩を考える．
(3) 材料および容器類は十分に冷やしておく．
(4) サラダ油は臭みのない良質のものを選ぶ．
(5) 材料に下味をつけるときは，食塩，こしょうで調味し，酢，サラダ油の順に味をつける．
(6) 材料はボールで一度和えてからサラダ鉢に盛りかえるほうが美しい．
(7) ドレッシングに酸を使用しているので，サラダ用容器は金属製のものを避け，供する直前に和える．
(8) サラダの"3C"：Cool，Clean，Crispy．

３ スコン　Scone

材料	分量（1人分）	●人分重量（g）
薄力粉	50 g	
ベーキングパウダー（BP）	薄力粉の 2.4 %	
重曹	薄力粉の 1 %	
粉砂糖	薄力粉の 20 %	
発酵バター（無塩）	薄力粉の 40 %	
卵	薄力粉の 20 %	
牛乳	薄力粉の 12 %	
バニラエッセンス	少々	
打ち粉		
強力粉またはグラハム粉	薄力粉の 6%	

＊好みにより添えるもの：クローテッドクリーム，ジャム（ベリー系）

■ 作り方

① バターは1cm角に切り，冷蔵庫で冷やしておく．

② オーブンを180℃に温めておく．

③ ボールに薄力粉，BP，重曹を合わせて2度ふるい，その中にふるった粉砂糖を加え，ふんわり混ぜておく．

④ ③に冷やしておいたバターをバラバラになるように加え，指先を使ってバターを

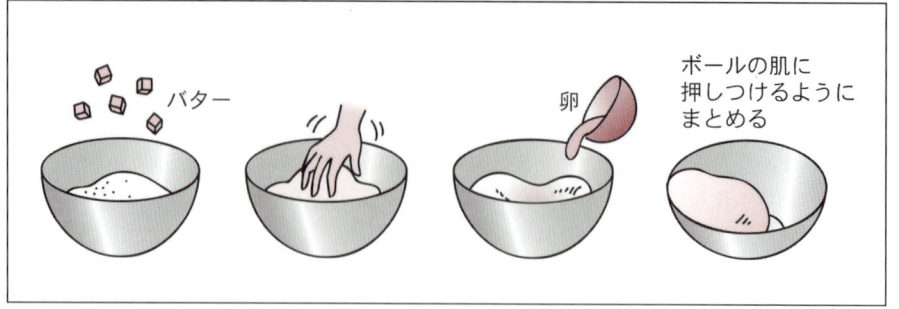

●スコン生地の混ぜ方

潰すようにしながら粉と混ぜ（粘りを出さないようにする），中央にくぼみを作る．

⑤ くぼみに溶いた卵を入れ，粘りを出さないよう（グルテン形成をしないよう）に混ぜる．

⑥ 牛乳を回し入れ，バニラエッセンスを数滴加えたら，手を使って全体を均一に混ぜる（絶対に練らないこと !! ）．

⑦ 牛乳がなじんだらボールの側面に押しつけるようにまとめ，ラップに包み20～30分休ませる．

⑧ めん棒に打ち粉をつけ，3～4 cmの厚さに伸ばし，直径5 cmくらいの丸い型で抜く．

⑨ 天板にオーブンシートを敷き，型抜きした生地を並べ，180℃で20～30分焼く．

point&study

●クローテッドクリーム

脂肪分の高い牛乳を弱火で煮詰め，一晩おいて表面に固まる脂肪分を集めて作られるクリーム．

4 紅茶（Black）tea

材料	分量（1人分）	●人分重量（g）
紅茶葉	2.5～3g	
熱湯	160ml	

■ 作り方

① ポット，カップを温める．
② ポットに茶葉を入れ，沸騰した熱湯を注ぎ，1～3分静置する．
③ 茶こしを用いてカップに注ぐ．注ぎ方は，3人分（カップA，B，C）の場合，A→B→C→C→B→Aの順に均等に注ぎ，最後の一滴まで注ぎ切る．

point&study

●紅茶
茶の葉を発酵させて製茶したもので，主にインド，スリランカ，パキスタンで生産されている．産地，茶葉の種類，製法で色，香り，味に特徴がある．紅茶の色はタンニンによるものである．

●紅茶の種類
(1) アッサム Assam：北インドのアッサム州が主な産地で，クセがなく強い味と芳醇な香りがある．濃厚で飲み応えがあり，ミルクとの相性がよい．クリームダウンが起きやすいので，アイスティーには不向き．

(2) ダージリン Darjeeling：インドのダージリン地方が産地．ゴールデンティップを多く含んだ FOP グレードは"紅茶のシャンパン"と呼ばれる．マスカットフレーバーと評されるさわやかな芳香が特徴．ストレートティーがよい．

(3) ニルギリ Nilgiri：南インドのニルギリ山脈付近が産地．気候がよいため，年間を通じて生産をしている．「ニルギリ」とは現地の言葉で，「ブルーマウンテン」を意味している．しっかりした味わいで，すがすがしい香りがあり，ミルクティーやスパイスを加えるなど飲み方のバリエーションが豊富．

(4) ウヴァ Uva：スリランカ中央山脈の東側，標高 1300m 以上の高地で生産される．独特の強い香りと芳醇な味で，渋みよりコクを感じる．美しい水色（すいしょく）がティーカップの縁に描き出す金色の輪は"ゴールデンリング"と呼ばれ，高品質なウヴァ茶の証である．

(5) キーマン Keemun：中国安徽省が産地．世界最古の紅茶の産地として知られている．蘭の花を思わせる香りと独特のスモーキーフレーバーはエキゾチックで"中国茶のブルゴーニュ酒"と呼ばれている．ストレートティーやミルクティーに適している．

＊世界三大銘茶：ダージリン，ウヴァ，キーマン

＊クリーム（ミルク）ダウン：タンニンとカフェインが冷やされると白濁すること．クリームダウンを防ぐには蒸らし時間を短くするとよい．アイスティーを作るときに起こりやすい．

●紅茶の入れ方・ゴールデンルール
(1) 汲みたての新鮮な水から沸かす．
(2) ティーポットはあらかじめ温めておく．
(3) 紅茶葉の量は1杯あたり 2.5〜3.0g（ティースプーンではかる）．
(4) 沸騰した熱湯をポットに注ぐ．
(5) ポットの蓋をして3分程度蒸らす（時間はきっちり測るが，茶葉によって蒸らす時間は異なる）．
(6) カップに注ぐときは最後の1滴までよく絞りきる．最後の1滴を"ゴールデンドロップ"という．

●ティーパーティーの開き方
アフタヌーンティーは社交を目的とした特定の日の午後4時ころにはじまる最も優雅で豪華なお茶の時間．この習慣は19世紀の半ば頃，ベッドフォード公爵夫人が始まりといわれている．もともと私的な午後のひとときを心豊かに楽しむためのものなので，かた苦しい取り決めはないものの，当時のティーパーティーに対する考え方は次のとおりである．
(1) ティーは正しく入れなければならない．
(2) ティーの食べ物（お茶受け）は豪華であること．
(3) ティーのテーブルセッティングを優雅にセンスよくすること．

●定番のメニュー
(1) 焼き菓子
　ビスケット：小さく食べやすい一口サイズがよい．
　ケーキ：タルト，パイ，シュークリームなど一口サイズに作るとよい．
(2) スコン
　スコンとともにクローテッドクリームとジャムを添える．
　スコンは温めたものを出す．
(3) サンドウィッチ
　一口で食べられるサイズが理想．"キューカンバーサンドウィッチ"は代表的なメニューの一つ．

栄養量（1人分）

料理名	エネルギー(kcal)	たんぱく質(g)	脂質(g)	炭水化物(g)	食物繊維総量(g)	食塩相当量(g)
サンドウィッチ	462	18.2	23.0	45.0	2.5	2.8
ピタパンサンド	167	7.8	6.3	19.8	2.0	1.7
グリーンサラダ	10	0.8	0.1	2.1	1.2	0.0
フレンチドレッシング	29	0.0	3.1	0.1	0.0	0.1
マヨネーズ	81	0.3	8.6	0.1	0.0	0.2
スコン	315	4.6	14.4	39.5	1.0	0.4
紅茶	2	0.2	0.0	0.2	0.0	0.0
合計	1066	31.9	55.5	106.8	6.7	5.2

応用

- この献立は一食のエネルギーが高めなので，好みのものを選択し，ティーパーティー形式で楽しむとよい．
- **サンドウィッチのバリエーション**

  フィリングによって広がるので，好みにより用いるとよい

  (1)ツナ，さらしたまねぎをマヨネーズで和えたもの

  (2)茹で卵をマヨネーズで和えたもの

  (3)明太子と茹でたじゃがいもをマヨネーズで和えたもの

  (4)かぼちゃサラダ，れんこんサラダ，好みの野菜など

  (5)チキンカツやトンカツなど

  (6)焼いたベーコンとスクランブルエッグ

  (7)ジャム，ピーナッツバター，チョコレートソースなど

  (8)ホイップクリームと果物

- **紅茶のバリエーション**

  (1)ミルクティー：温めた牛乳や，生クリームを加える．やや濃く入れた紅茶がよい．アッサムと相性がよい．

  (2)レモンティー：紅茶にレモンの輪切りを入れたもの．紅茶は軽めに入れる．レモンのほかに，オレンジ，アップル，ミント，ジンジャーなどのフレーバーも好まれる．

  (3)ロイヤルミルクティー：鍋に牛乳200mlを入れ，火にかける．沸騰直前に火からおろし，蓋をして3～4分蒸らす．茶葉が開いたら茶こしを用いてカップに注ぐ．蒸らしているときに，しょうがのスライスや絞り汁を加えたジンジャーミルクティーや，ロイヤルミルクティーを混ぜるときにシナモンスティックを用いることでシナモンミルクティーなどにもできる．

  (4)アイスティー：オンザロック式の場合，グラスの口までいっぱいに氷を入れ，そこに熱い紅茶を一気に注いで作る．紅茶は2倍の濃さのホットティーを作るが，茶葉の分量は人数分，お湯は1/2量とする．

- **食事療養への応用**

  ■エネルギー制限食・脂肪制限食

  (1)サンドウィッチ：サンドウィッチのバターの使用量を減らす．コンビーフを鶏ささみや

ノンオイルツナなどに変更する．クリームチーズをカテージチーズやマヨネーズ，マヨネーズカロリーハーフのものなどに変更する．
(2)ピタパンサンド：ベーコンは使用しない．豚ひき肉は豚もも肉脂身なしを使用する．
(3)グリーンサラダ：ドレッシングは別添えにする．ドレッシングの油の使用量を減らす．ノンオイルドレッシングを使用する．
(4)スコン：クローテッドクリーム，ジャムは使用せず，フレッシュな果物などを添える．

■食塩制限食
　サンドウィッチのバターは無塩バターを使用する．

■たんぱく質制限食
　ピタパンサンドの大豆，豚ひき肉の使用量を減らす，または使用しない．その分を他の野菜，ピーマン，にんじんなどで代替する．

MEMO

西洋料理：実習 12

menu
1. コンソメジュリエンヌ
2. プレーンオムレツ（えびクリームソース，粉ふきいも）
3. カスタードプディング

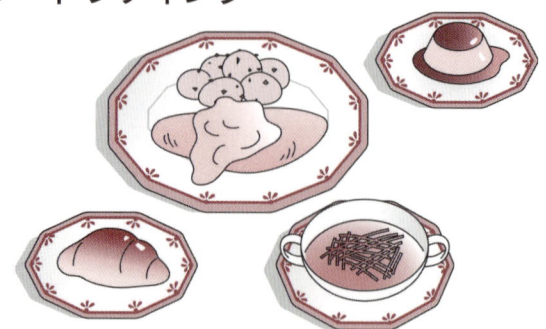

学習テーマ
- ブイヨンのとり方
- オムレツ
- カスタードプディング

---

1 コンソメジュリエンヌ　Consommé julienne

(1) ブイヨン（洋風だし汁）　Bouillon, soup strock

材料	分量（でき上がり1l）	●人分重量（g）
牛すね肉	でき上がりの30〜50％ 300g	
鶏ガラ	150g	
にんじん	100g ┐ でき上がりの20〜30％	
たまねぎ	150g │	
セロリ	20g ┘	
水	でき上がりの2〜3倍 1500ml	
食塩	でき上がりの0.2％ 2g	
ブーケガルニ		
ローリエ	1枚	
タイム	少量	
パセリの茎	2本	
粒こしょう（つぶして使う）	3〜4粒	

■作り方

① 肉は3cm角に切り，鶏ガラは熱湯をかけた後，流水で洗う．にんじんはよく洗い，皮付きのまま5〜6cmに切る．たまねぎは皮をむいて4つ割にする．セロリは縦半分に切る．

② 深鍋に分量の水と肉，鶏ガラと食塩を入れ，蓋をしないで強火にかける．沸騰後やや火力を弱め，あくが巻き散らないうちにきれいにすくい取る．

③ 中央が静かに沸き立つ程度の火加減で1時間煮出し，野菜を入れて再度あくをすくい，ブーケガルニ，こしょうを加えてさらに1時間煮る．

④ 冷めないうちにかたく絞ったフランネルで静かにこす．

point&study

- **ブイヨン（スープストック）**
  西洋料理で用いるだし汁で，煮込み，ソース，スープなどにうま味をつけるために使用する．スープストックは動物性食品と香味野菜や香辛料を長時間加熱抽出して作られるので，和風だしよりもうま味成分の種類が多く，味も複雑である．種類としては，牛肉，鶏ガラ，牛すね肉，魚などがあり，スープストックの良し悪しが仕上がった料理の味に大きく影響する．
- ブイヨンは澄んでいることが大切なので，沸騰直前まで強火にし，浮き上がったあくをすくい，後は弱火で液面が軽く煮立つ状態にして静かに長時間煮る．
- 野菜はデンプンの少ないもので，緑色の少ない部分がよい．
- 上に浮いた脂肪はブイヨンが冷めてから和紙を表面に浮かせて拭い取る．

(2) コンソメジュリエンヌ

材料	分量（1人分）	●人分重量（g）
牛すね肉（ひき肉）	水の20％（約40g）	
にんじん	水の5％（約10g）	
たまねぎ	水の7.5％（約15g）	
セロリ	水の2％（約4g）	
卵白	1/2個	
水	200 ml	
食塩	水の0.3％	
こしょう	少量	
ブイヨン	200 ml	
浮き実		
にんじん	5 g	
たまねぎ	5 g	
セロリ	5 g	
食塩	浮き身の1％	
こしょう	少量	
コンソメ	60 ml	

■ 作り方

① スープストック（ブイヨン）をとる．

② にんじんは短冊に切り，たまねぎは8つくらいの串型に切り，セロリは薄切りにする．

③ 寸胴鍋に②とひき肉，卵白，水を入れ，木べらでよく混ぜる．

④ さらにブイヨンを少しずつ入れながらよく混ぜ，混ぜながら沸騰するまで加熱する．

⑤ 卵白にあくがからんで浮いてきたら火を弱める．

⑥ 上に浮いたあくの間から透明なだし汁が見えてきたら弱火で1時間煮込み，布巾でこす．
⑦ 和紙で浮いた脂を取り，食塩，こしょうで調味する．→コンソメ
⑧ 浮き身の野菜はごく細いせん切りにし，少量のコンソメで煮ておく．
⑨ 温めた皿にスープを盛り，浮き実の野菜を散らす．

2 プレーンオムレツ　Plain omlet（英）

(1) プレーンオムレツ

材料	分量（1個分）	●人分重量（g）
卵	2個（約100 g）	
牛乳	卵の15％	
食塩	卵の1％	
こしょう	少々	
サラダ油	卵の5％	
バター	卵の5％	

■作り方
① ボールに卵を割り入れ，牛乳，食塩，こしょうを加え，軽くフォークで混ぜる．
② フライパンを十分に熱し，サラダ油，バターを加え，フライパンを火から離して卵液を加える．
③ フライパンを揺すりながらフォークでかき混ぜる．
④ 半熟状になりかけたら，卵を片方にまとめ，柄をトントンとたたきながらひっくり返して盛り付ける．

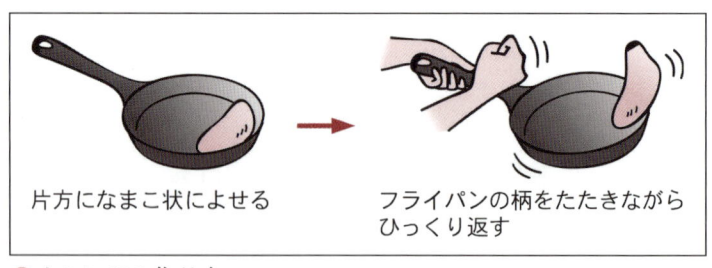

片方になまこ状によせる → フライパンの柄をたたきながらひっくり返す

● オムレツの作り方

(2) えびクリームソース

材料	分量（1人分）	●人分重量（g）
たまねぎ	20 g	
むきえび	30 g	
バター	材料の15％	
ブランデー	材料の4％	

Ⓐ	白ワイン	材料の8％
	マッシュルーム	材料の30％
	生クリーム	材料の40％
レモンの絞り汁		材料の4〜6％

■ 作り方

① 浅鍋でバターを溶かし，たまねぎ，えびの順に強火で炒める．
② えびの色が変わったらブランデーを加えてフランベし，Ⓐを加え，マッシュルームに火が通ったら具だけ引き上げる．
③ 残りのソースを1/3量に煮詰め，具をもどしてレモン汁を加える．
④ でき上がったオムレツに添える．

(3) 粉ふきいも

材料	分量（1人分）	●人分重量（g）
じゃがいも	1/2 個	
食塩	じゃがいもの1％	
こしょう	適量	
パセリ	適量	

■ 作り方

① じゃがいもは皮をむき，1/4に切って茹でる．
② じゃがいもに串を刺してみて，中まで火が通っていたら湯を捨てる．
③ 鍋を回しながら加熱し，水分をとばしてじゃがいもに粉をふかせる．
④ 食塩，こしょうで調味する．

3 カスタードプディング　Caramel custard pudding

材料	分量（1人分）	●人分重量（g）
卵液	80 g	
卵	卵液全体量の20％	
牛乳	卵液全体量の50％	
砂糖	卵液全体量の15％	
バニラエッセンス	少々	
カラメルソース	卵液の7.5〜10％	
砂糖	4 g	
水	3 ml	
熱湯	3 ml	
バター	適量	

■ 作り方
① プリン型に薄くバターを塗っておく．
② カラメルソースを作り，プリン型に流し入れる．
③ 鍋に牛乳と砂糖を入れ，60℃に温める．
④ ボールに卵を入れてよくほぐし，温めた③を少しずつ加え，万能こし器にかたく絞ったさらしを敷き，卵液をこす．
⑤ こした卵液にバニラエッセンスを数滴加え，プリン型に流す．
⑥ 表面にある泡を取り除き，蒸し器に入れて強火で3分，弱火で10分蒸す．または，85～90℃で15分蒸す．

カラメルソース
① 砂糖と水を鍋に入れて中火にかけ，鍋をゆすって砂糖を煮詰める（混ぜない）．
② カラメル色（あめ色）になったら3mlの湯を入れ，適当なとろみにする．

point&study

- カスタードプディングは卵20％，牛乳50％，砂糖15％がおいしいといわれており，卵と牛乳のみのものが最も凝固しやすく，硬度も高い．砂糖の量が多くなるにしたがって凝固力が減少し，かたさが低下する．さらに砂糖濃度が30％を超すと，ゲルがきわめて弱くなり，形の整ったカスタードプディングにならない．
- カスタードプディングの望ましい性状
  (1) 外観・内部ともになめらかである．
  (2) 型から出したときに崩れない．
  (3) 口に入れたとき融け込むようにやわらかい．

栄養量（1人分）

料理名	エネルギー (kcal)	たんぱく質 (g)	脂質 (g)	炭水化物 (g)	食物繊維総量 (g)	食塩相当量 (g)
ブイヨン	12	2.6	0.0	0.6	—	1.0
コンソメジュリエンヌ	20	3.4	0.0	1.9	0.3	2.0
プレーンオムレツ	237	12.8	19.1	1.1	0.0	1.5
えびクリームソース	184	6.6	15.2	3.1	0.6	0.3
粉ふきいも	38	0.8	0.1	8.9	0.7	0.5
カスタードプディング	120	3.3	4.0	17.8	0.0	0.1
合計	611	29.5	38.4	33.4	1.6	5.4

応用

- 主菜のバリエーション

  (1) プレーンオムレツ：ポーチドエッグ，スクランブルエッグ，茹で卵，目玉焼き，巣ごもり卵，具入りオムレツ（チーズ，野菜，肉など）など

  (2) ソース：トマトソース，きのこソース，トマトケチャップなど

- 副菜のバリエーション

  温野菜（ブロッコリー，アスパラガス，にんじん，キャベツ，芽キャベツ，さやいんげん，グリンピースなど），きのこソテー，フライドトマト，ほうれん草のソテーなど

- スープのバリエーション

  浮き実に用いる材料は，野菜，穀類，パスタ，卵，肉，魚介類を好みや，メニュー全体の

バランスにより選択するとよい．材料の切り方によってスープの名称が変わる．
(1)野菜：ブリュノワーズ（0.3～0.4 cm の角切り），ペイザンヌ（ひし形切り）など
(2)穀類：リ（米）をスープで煮たもの，クルトン（0.5 cm 角に切ったパンを揚げたもの）など
(3)卵：ロワイヤル（洋風卵豆腐のさいの目切り）など

●デザートのバリエーション

果物，パン（パンプディング），米（ライスプディング），クリームを入れたものや，ソースをサバイヨンソース，フルーツソース，チョコレートソースなど，好みのものを用いるとよい．

●食事療養への応用

■エネルギー制限食・脂肪制限食
(1)プレーンオムレツ：テフロン加工のフライパンを用い，油の使用量を1/2量にする．ソースをトマトケチャップやトマトソースにする．ソースの生クリームをやめ，牛乳や低脂肪牛乳を使用する．
(2)カスタードプディング：カラメルの量を減らす．プリン型の内側に塗るバターを使用せず，器のまま提供できるようにする．牛乳は低脂肪牛乳に変更する．

■食塩制限食
(1)全体に食塩の使用量を減らす．
(2)使用するバターはすべて無塩バターを用いる．

■たんぱく質制限食
えびクリームソースのえびは使用せず，パセリなどを入れる．

MEMO

西洋料理：実習 13

menu
1. じゃがいものポタージュ
2. にじますのムニエル
   （アーモンドソース，アスパラガス，きのこのソテー）
3. ワインゼリー

学習テーマ
- ポタージュ
- つぼ抜きの仕方
- ムニエル
- ゼラチンの扱い方

1 じゃがいものポタージュ　Potage de pomme de terre

材料	分量（1人分）	●人分重量（g）
じゃがいも	50 g	
ポロ葱（リーキ）	6 g	
バター	材料の1.5％	
小麦粉	材料の1.5％	
ブイヨン	材料の2.5倍	
牛乳	材料と同量	
食塩	仕上がりの0.5％	
生クリーム	材料の10％	
バター	材料の4％	
クルトン		
パン（0.5 cm 厚さ）	5 g	
バター	パンと同量	

＊ポロ葱（リーキ）がない場合は深谷ねぎや下仁田ねぎの白い部分で代用することができる．

■ 作り方

① じゃがいもの皮をむいて2 mmくらいの厚さのいちょう切りにし，水にさらす．
② ポロ葱はみじん切りにする．
③ 熱したスープ鍋にバターを入れてポロ葱を炒め，透明になったら水気をきったじゃがいもを入れて2分くらい炒める．
④ 小麦粉をふり入れ，焦げ目がつかないように3分くらい炒め，ブイヨンを入れて，じゃがいもなどがやわらかくなるまで20分くらい煮る．

⑤ 軟らかくなったらミキサーにかけて裏ごし，スープ鍋にもどす．
⑥ ⑤に温めた牛乳を加えて食塩で調味し，沸騰直前に生クリーム，バターを入れて仕上げる．

クルトン

① 0.5 cm 厚さのパンを 0.5 cm 角に切る．
② 熱したフライパンにサラダ油，バターを入れ，パンがきつね色になるまで炒める．

point & study

● ポタージュ

日本では一般に濁った濃度のあるスープのことをいうが，正式にはスープの総称をいう．濃く濁ったものはポタージュリエ，澄んだスープはポタージュクレールという．ポタージュリエはつなぎによってとろみがつけられるが，つなぎにより3つに分類される．

(1) ポタージュクレーム（クリームスープ）
　ベシャメルソースと生クリームを基本にしたもの．ベシャメルソースは白色ルウを牛乳でのばしたもの．

(2) ポタージュブルーテ（ブルーテスープ）
　ブルーテソースと卵黄と生クリームを基本にしたもの．ブルーテソースはクリーム色ルウを白いだし汁（ストック）でのばしたもの．

(3) ポタージュピュレ（ピューレスープ）
　じゃがいも，かぼちゃ，グリンピースなどの野菜や米の裏ごしをつなぎに用いたもの

2 にじますのムニエル　Truites aux amanders

(1) にじますのムニエル

材料	分量（1人分）	●人分重量（g）
にじます	1尾（約120 g）	
食塩	魚の1%	
こしょう	少々	
牛乳	20 ml	
小麦粉	魚の8%	
サラダ油	魚の5%	
バター	魚の5%	
アーモンドソース		
アーモンドの薄切り	10 g	
バター	5 g	
飾りレモン	1/6 個	
パセリ	1本	

■ 作り方

① にじますは，つぼ抜きで内臓を取り出して水洗いする．
② 軽く水分をふき取り，食塩，こしょうで下味をつける．ドリップ（魚の体液，うま味）が下に落ちるようにして10分間放置し，その後牛乳に20分浸す．

③ にじますの水分をよくふき取り，小麦粉をまんべんなくまぶし，余分な粉は落とす．
④ 熱したフライパンにサラダ油とバターを引き，盛り付けの際に上身になる面を下にしてフライパンに入れる．
⑤ 焦げ目がついたら裏返し（一度だけ），火を弱めて中心まで火を通す．
⑥ アーモンドソースは，熱したフライパンにバターを溶かして，スライスしたアーモンドを加える．かき混ぜながら平均に色をつけ，アーモンドに薄く色がついたら火を止める．
⑦ 皿にムニエルを盛り，熱いソースをかけ，くし型のレモン，パセリ，付け合わせを盛り付ける．

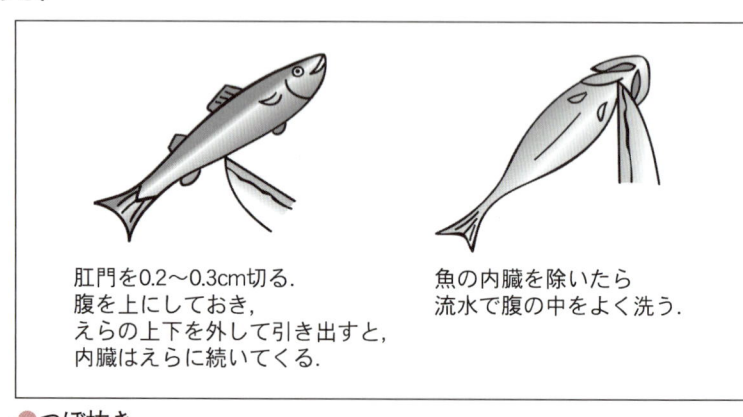

肛門を0.2〜0.3cm切る．
腹を上にしておき，
えらの上下を外して引き出すと，
内臓はえらに続いてくる．

魚の内臓を除いたら
流水で腹の中をよく洗う．

●つぼ抜き

point&study

● つぼ抜き

魚の下ごしらえのことで，"えら抜き"とも呼ばれ，えらの下から箸などを差し込んで，えらとわたを同時に引き出す．

● つぼ抜き後，牛乳に漬けることで魚の生臭さを除くことができる．また，焼く際には牛乳や小麦粉に含まれるたんぱく質や糖質によってアミノ–カルボニル反応が起こり，きれいな焼き色をつける効果がある．

● 魚に小麦粉をまぶしたら直ちに焼く．長くおいてしまうと表面がべたべたになり焼きにくくなる．

● 焼く際には焼き油を魚にかけながら焼くときれいに仕上がる．

● アーモンドソースのスライスアーモンドは焦げ色がつきやすいので，焼き色が薄くつき始めたら火を止め，余熱できれいなきつね色にする．

(2) 付け合わせ（アスパラガス，きのこのソテー）

材料	分量（1人分）	●人分重量（g）
アスパラガス	2本	
きのこのソテー		
エリンギ	20 g	
しめじ	10 g	

西洋料理●実習 13

材料	分量
ブラウンマッシュルーム	2個（約10 g）
バター	材料の5％
サラダ油	材料の5％
食塩	材料の1％
こしょう	材料の0.1％
レモン汁	材料の5％

■ 作り方

① アスパラガスは4〜5 cm長さに切り，色よく茹でる．
② エリンギ，しめじは適当な大きさに割き，ブラウンマッシュルームは1/2に切る．
③ 熱したフライパンにサラダ油，バターを入れて溶かし，きのこを炒め，食塩，こしょうで調味し，火を止めてレモン汁を加える．

point & study

● ムニエルは魚に小麦粉をまぶして焼くところに特色がある．小麦粉は魚の水分を吸収し，加熱により糊化して膜をつくり，魚の表面をおおい栄養分を逃さない．さらに，小麦粉が油によって炒められて，香ばしい香りを生じ，魚のにおいを感じさせなくなる．

③ ワインゼリー　Geles au porto, Wine jelly

材料	分量（1人分・でき上がり80 ml）	●人分重量（g）
粉ゼラチン	でき上がりの3％	
水（膨潤用）	ゼラチンの5倍	
水	でき上がりの50％	
グラニュー糖	でき上がりの15％	
赤ワイン	でき上がりの15％	
レモン汁	でき上がりの3％	
クリームシャンティー		
生クリーム	10 ml	
砂糖	生クリームの50％	
バニラエッセンス		

■ 作り方

① ボールに膨潤用の水を入れてゼラチンをふり入れ，そのまま10分間膨潤させる．
② 鍋に水とグラニュー糖を入れて火にかけ，70℃になったら火から下ろし，膨潤させたゼラチンを入れて溶かす．
③ ゼラチンが溶けたら，赤ワイン，レモン汁を加え，ゼラチン液の粗熱を取った後，水を通したゼリー型に流し入れて冷蔵庫で冷やす．
④ クリームシャンティーは氷水入りのボールの上に生クリームの入ったボールを

のせ，六分立て（とろみがつくくらい）に泡立てて砂糖を加え，さらに泡立てて八分立てにする．

⑤ ④にバニラエッセンスを数滴加えて軽く混ぜ，絞り袋に入れてゼリーに飾り付ける．

point & study

● **ゼラチン**
牛や豚などの動物の骨，皮，筋の部分を煮てコラーゲンを溶かし出し，粉状，粒状，板状にしたもの．コラーゲンは不溶性の硬たんぱく質で，水とともに加熱することによって分解し，水溶性のゼラチンになる．ゼラチンは消化がよく，食べやすいので軟食や嚥下食などによい．ゼラチンゼリーはなめらかな食感を特徴としている．ゲル化するゼラチン濃度は2～4％，凝固温度は3～10℃であり，ゲル化に時間がかかるので冷蔵庫で時間をかけて固める必要がある．また，ゼラチンゼリーは融解温度が25℃と低いので，室温が高いと溶けやすい．

● ゼラチンは，使用するときには十分に膨潤する必要がある．通常のゼラチン濃度は2～3％が適当であるが，アルコール類が多く入る場合や短時間に固めたい場合にはゼラチン濃度を高くする．

● ゼラチンの溶解温度は40～50℃であるが，ゼラチンはたんぱく質であるため，強く加熱するとたんぱく質が変化しゲル化しにくくなる．そのため，65℃以上にしない．

● ゼラチンゼリーのゼリー強度は，添加する材料の影響を受けやすい．砂糖や牛乳はゼリー強度を増加させ，果汁の中でゼラチンの等電点（pH5前後）以下のもの（レモン汁など）や，たんぱく分解酵素を含むもの（パインアップル，キウイフルーツ，パパイヤなど）は，ゲル化が抑制され，ゼリー強度が低下する．

栄養量（1人分）

料理名	エネルギー(kcal)	たんぱく質(g)	脂質(g)	炭水化物(g)	食物繊維総量(g)	食塩相当量(g)
じゃがいものポタージュ	142	4.3	8.1	12.9	0.8	1.8
にじますのムニエル	277	14.2	21.7	5.4	1.2	0.6
アスパラガス	9	1.0	0.1	1.6	0.7	0.0
きのこのソテー	34	1.1	3.1	2.1	1.3	0.3
ワインゼリー	127	2.3	4.5	17.7	0.0	0.0
合計	589	22.9	37.5	39.7	4.0	2.7

応用

● **主菜のバリエーション**

春	真鯛など
夏	すずき，舌平目など
秋	さけなど
冬	たらなど

ソースはレモンバターソースなどもよいが，魚との相性もあるので，下味にレモン汁をかけたり，しょうゆ風味，小麦粉にカレーパウダーを混ぜてカレー風味にすることも可能である．

● **副菜（付け合わせ）のバリエーション**
季節の野菜を取り入れるとよいが，ムニエルで油脂を多く使用しているため，温野菜（にんじん，グリンピース，とうもろこし，さやいんげん，スナップエンドウなど）などがよい．

●スープのバリエーション

(1) 夏は冷やし，冷たいポタージュ（ヴィシソワーズ Soup Vichyssoise）にするとよい．浮き身はクルトンではなく，あさつきのみじん切りを添える．また，調味は温かいうちにすると溶けがよいが，塩味は温度が低いと濃く感じるので，やや薄めに調味する．

(2) じゃがいもを，かぼちゃ，ごぼう，にんじん，グリンピース，枝豆，そら豆などに変えることができる．豆類を使用するとたんぱく質を多く摂取することができる．

●デザートのバリエーション

ワインを果汁（オレンジ果汁，ぶどう果汁など），牛乳，コーヒー，紅茶などに変更すると，いろいろなゼリーを楽しむことができる．また，ゼリー液に果物を浮かせたり，数種のゼリーを層にして彩りをよくすることもできる．

●食事療養への応用

■エネルギー制限食・脂肪制限食

(1) ムニエル：焼き油の使用量を減らす．アーモンドソースをやめる．または，蒸すなどの調理法に変更する．付け合せをソテーするものから茹でるものに変更する．

(2) ポタージュ：仕上げに加えるバター，生クリームをやめる．

(3) ワインゼリー：飾り用の生クリームをやめる．ゼリーに使用するグラニュー糖の使用量を全体に減らす．

■たんぱく質制限食

(1) ムニエル：魚の使用量を減らす．あるいは，たんぱく質の少ない魚（太刀魚など）に変更する．

(2) ムニエルをやめ，えびやアサリのソテーなどに変更する．

(3) ワインゼリー：ゼラチンを寒天（0.8％），カラギーナン（0.8～1.0％）に変更する．

(4) ポタージュスープ：小麦粉，クルトンをやめる．豆類のポタージュは避ける．

MEMO

14 西洋料理：実習

menu
1. マカロニグラタン
2. フルーツサラダ
3. レモンピールケーキ

学習テーマ
- ルウ
- バターケーキ

1 マカロニグラタン　Macaroni au gratin

材料	分量（1人分）	●人分重量（g）
マカロニ	20 g	
鶏もも肉	20 g	
食塩	鶏もも肉の1％	
こしょう（白）	少々	
ベーコン	10 g	
たまねぎ	1/10 個（約20 g）	
マッシュルーム（生）	1個（約8 g）	
食塩	少々	
こしょう（白）	少々	
バター（炒め用）	4 g	
ベシャメルソース		
バター	牛乳の7％	
小麦粉	牛乳の7％	
牛乳	160 ml	
食塩	牛乳の0.6％	
こしょう（白）	少々	
生クリーム	牛乳の3.5％	
バター（器に塗る）	適量	
粉チーズ	2 g	
生パン粉	1.2 g	

バター（上にのせる）	2.4 g

■ 作り方

① 鶏もも肉，ベーコンは1cm角に切る．たまねぎはスライスする．
② 鶏もも肉に食塩，こしょうで下味をする．
③ マッシュルームは炒める直前に洗い，スライスする．
④ フライパンにバターを溶かし，焦がさないようにベーコンを炒める．脂がにじんできたら，たまねぎを炒め，次に鶏肉を入れる．鶏もも肉の表面が白くなったら，マッシュルームを入れ，食塩，こしょうで調味する．
⑤ ベシャメルソースを作る．
　　i．鍋にバターを溶かす．
　　ii．小麦粉を一気に入れ，色がつかないように炒める（トロッとしてブツブツ沸いてくるまで）．
　　iii．火を止め，牛乳を少しずつ加え，均一に混ざったら再び火にかけ，つやが出てくるまで焦がさないように加熱する．
　　iv．食塩，こしょうで調味し，生クリームを加える．
⑥ 沸騰した湯に分量の食塩を入れ（マカロニの重量の8〜10倍量の0.5％食塩水），マカロニを入れて□分茹で，ざるにあけ，水気をきる．
⑦ ボールに炒めた具，茹でたマカロニ，ベシャメルソースの1/2量を入れて混ぜる．
⑧ グラタン皿にあらかじめバターを塗っておき，⑦を入れる．残しておいたソースをかけ，粉チーズ，パン粉をふりかけ，バターをのせる．
⑨ あらかじめ210〜230℃の高温に温めておいたオーブンの上段に入れ，5〜6分程度（パン粉においしそうな焼き色がつく程度）焼く．

2 フルーツサラダ　Salade de fruits

材料	分量（1人分）	●人分重量（g）
パインアップル	15 g	
バナナ	15 g	
りんご	10 g	
オレンジ	15 g	
キウイフルーツ	15 g	
サラダ菜	2〜3枚	
マヨネーズシャンティ	果物重量の20〜30％	
マヨネーズ	全体量の30％	
生クリーム	全体量の64.5％	
砂糖	全体量の5.5％	

■ 作り方

① パインアップルは縦1/2に切る．切れ目を入れて芯を取る．
② バナナは半月に切り，パイン汁をかける．
③ りんごは皮をむいていちょう切りにし，0.6％の食塩水に漬ける．
④ オレンジは皮をむいていちょう切りにする．
⑤ キウイフルーツは半月型に切る．
⑥ 生クリームは六分くらい泡立て，砂糖を加えてホイップし，マヨネーズと混ぜる．
⑦ 用意した果物と，⑥のマヨネーズシャンティを和え，パインアップルの器に盛る．
＊果物は，好みのものを数種組み合わせるとよい．

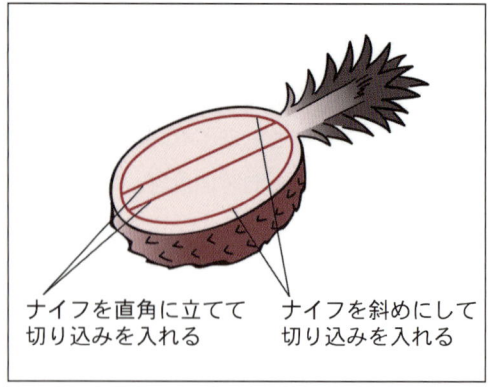

ナイフを直角に立てて切り込みを入れる　　ナイフを斜めにして切り込みを入れる

● パインアップルの切り方

point & study

● マヨネーズシャンティ
マヨネーズとホイップした生クリームを合わせたドレッシング．フルーツサラダに適している．

③ レモンピールケーキ　Pound cake（シトロン・パウンドケーキ）

材料	分量(18×8cm 1人分)	●人分重量（g）
小麦粉（薄力粉）	100 g	
ベーキングパウダー（BP）	薄力粉の3％	
食塩	少々	
無塩バター	薄力粉の100％	
砂糖	薄力粉の75〜100％	
卵	薄力粉の100％	
レモンの皮（すり下ろしたもの）	少々（約1.5 g）	
レモンピール	2枚（刻んだ場合1/2カップ：約60 g）	
小麦粉	レモンピール重量の0.8％	
バニラエッセンス	少々	
バター（型用）	適量	
小麦粉（型用）	適量	

■作り方

① パウンド型の内側にやわらかくしたバターを刷毛で塗る．
② ①を冷蔵庫で冷やしてバターを固める．固まったら小麦粉をふって余分な粉をはたいて落とし，使うまで冷蔵庫に入れておく．
③ オーブンを 180℃ に温めておく．
④ 小麦粉，BP，食塩を混ぜ，2 回ふるう．
⑤ レモンピールは細かく刻み，小麦粉をまぶしておく（ピールが型の底に沈むのを防ぐ）．
⑥ ボールに無塩バターを入れ，泡立て器でやわらかくなるまで（ポマード状）撹拌し，砂糖を加え，白くふわっとするまで撹拌する．
⑦ 別に溶いておいた卵を少しずつ加えながら撹拌する．
⑧ 泡立て器をはずして，小麦粉，レモンピール，すり下ろしたレモンの皮，バニラエッセンスを加え，ゴムベラでさっくりと混ぜる．
⑨ 準備した型に⑧を入れ，180℃で30～40分焼き上げる．
＊テフロン加工，紙の型の場合は，バターや小麦粉を塗る必要はない．

point & study

● レモンピール

レモンの皮を砂糖煮したもの．レモンの皮をシロップで糖度を上げながらじっくり煮詰めて乾燥させたもの．香りがよく，クッキーやケーキに混ぜ込んだり，細かく切ってチョコレートでコーティングしたりする．レモンのほか，オレンジ，ぶんたん，ざぼんなども応用できる．

栄養量（1人分）

料理名	エネルギー (kcal)	たんぱく質 (g)	脂質 (g)	炭水化物 (g)	食物繊維総量 (g)	食塩相当量 (g)
マカロニグラタン	473	15.0	29.8	34.0	―	2.3
フルーツサラダ	115	1.0	7.3	12.4	1.4	0.1
レモンピールケーキ	199	2.2	10.3	23.6	0.4	0.2
合計	787	18.2	47.4	70.0	1.8	2.6

応用

● 主菜のバリエーション

マカロニグラタン
(1) 具：えび，いか，かに，数種のシーフードを組み合わせて用いてもよい．
(2) トマトソースまたはミートソースと層にすることで，ラザニアにすることもできる．
(3) ピラフなどの上にベシャメルソースをのせ，焼くことでドリアにすることができる．

● 副菜のバリエーション

フルーツサラダに用いる果物は，旬の果物や缶詰の果物など数種を組み合わせるとよい．

● 菓子のバリエーション

(1) 混ぜ込む果物は薄力粉と同量まで用いることができる．
(2) 果物：オレンジピール，レーズン，くるみ，ドライプルーン，あんず，マロングラッセ，

甘納豆，バナナ，りんごのコンポートなど
(3) ドライフルーツを洋酒漬けにする場合，大きな果物は小さく切り，一度熱湯をくぐらせてから洋酒に漬ける．用いる洋酒はラム酒，ブランデーなどアルコール度数が高く，香りのあるものを用いるとよい．約1週間で使用することができる．

● **食事療養への応用**
■ エネルギー制限食・脂肪制限食
(1) マカロニグラタン：鶏もも肉は鶏むね肉，えび，いかなどに変更する．ベーコン，粉チーズ，上にのせるバターは使用しない．牛乳を洋風だしに変える．牛乳を低脂肪牛乳に変える．
(2) フルーツサラダ：マヨネーズシャンティを使用せず，無糖プレーンヨーグルトで和える，または添える．少量のシロップで果物を和える．

MEMO

西洋料理：実習 15

menu
1. ビーフストロガノフ（バターライス）
2. マセドアンサラダ
3. ブッシュドノエル

学習テーマ
- ルウ
- 共立て法

1 ビーフストロガノフ　Beef Stroganoff

材料	分量（1人分）	●人分重量（g）
牛肉（ロースまたはランプ）	45 g	
食塩	肉の 0.5 %	
こしょう	少々	
たまねぎ	20 g	
マッシュルーム	2 個	
バター	2 g	
ブラウンルウ		
小麦粉	ブイヨンの 5 %	
バター	ブイヨンの 5 %	
ブイヨン	100 ml	
トマトジュース	ブイヨンの 8 %	
ブランデー	ブイヨンの 3 %	
サワークリーム	ブイヨンの 8 %	
食塩	少々	
こしょう	少々	
バターライス		
米	80 g	
水	米の重量の 1.3 倍	
サフラン	少々	

食塩	米の0.8％
バター	米の8.5％

■ 作り方

① 牛肉は約3mmの薄切りを1cm幅に切り，食塩，こしょうで下味をつけておく．
② たまねぎは縦2つに切って芯を取り，やや厚めのスライスにする．
③ マッシュルームは石づきを取り，スライスにする．
④ ブラウンルウを作る．
　ⅰ．鍋にバターを溶かした後，小麦粉を入れて加熱する．
　ⅱ．約5分ほど加熱し，ルウの色が茶色になってきたらブイヨンの1/3を入れて，均一に混ぜる．
⑤ 別の鍋にバターを溶かし，中火でたまねぎを炒め，しんなりしたらマッシュルームを炒める．全体にバターが回ったら牛肉を入れる．
⑥ 牛肉が白くなったらブイヨンの2/3を入れて中火で煮る．その後，トマトジュースを入れて約15分煮る．
⑦ ⑥にブラウンルウを入れ，約5分加熱し，とろみがついてきたらサワークリーム，食塩，こしょうで調味し，火を止めてブランデーを加える．

バターライス

① 米を洗ってざるに上げておく（30分程度）．
② 分量の水を鍋に入れ温め，サフランを加えて色を抽出しておく．
③ 文化鍋にバターを溶かし，米を入れて中火で米が透き通るまで炒め，食塩を入れる．
④ ②を入れ，中火で3分，弱火で7～8分，強火3秒，蒸らし15分で炊飯を行う．
＊バターライスとソースの割合は，同量～バターライスの1.5倍が目安．
＊具とルウの割合は，具の1.3～1.7倍が目安

2　マセドアンサラダ　Salade de macedoine

材料	分量（1人分）	●人分重量(g)
じゃがいも	50 g	
にんじん	10 g	
さやいんげん	8 g	
セロリ	10 g	
酢	材料の2.5％	
サラダ油	材料の1.2％	
マヨネーズ	材料の2.4％	
食塩	少々	
こしょう	少々	
サラダ菜	適量	

■ 作り方

① じゃがいも，にんじんは皮をむいて1 cm角に切り，0.5％食塩水で茹でる．茹で上がったら野菜をざるに取り，すぐに酢とサラダ油を軽くふり，下味をつける．
② さやいんげんは筋を取って0.5％食塩水で茹で，1 cm長さに切る．
③ セロリはかたい筋を取り，1 cm角に切って食塩少々をふる．
④ 材料が冷めたら，マヨネーズで和え，食塩，こしょうで味を整える．
⑤ 器にサラダ菜を敷き，サラダを盛り付ける．

3 ブッシュドノエル　Buche de Noel （薪型のクリスマスケーキ）

材料	分量 （28×28 cm 1枚分）	●人分重量（g）
スポンジ （ジェノワーズ）		
卵	162 g（3個）	
グラニュー糖	卵の89.5％	
薄力粉	卵の63％	
無塩バター	卵の13.5％	
牛乳	卵の20.4％	
アプリコットジャム	卵の25％	
リキュール （ラム酒など）	卵の7％ （ジャムの30％）	
チョコレートクリーム		
ビタースイート チョコレート	30 g	
生クリーム	200 ml （チョコレートの6～7倍）	
リキュール （ラム酒やカルーア）	15 ml （チョコレートの1/2）	
飾り用		
粉砂糖	少々	
ミルクチョコレート	20 g	
スライスアーモンド	30 g	
ドレンチェリー	2～3個	

■ 作り方

① オーブンを200℃に温めておく．
② 小麦粉をふるっておく．
③ 天板にパラフィン紙を敷いておく．
④ 湯煎用の湯を60℃に調整する．
⑤ 小ボールにバターと牛乳を合わせ，バターを溶かしておく．使用時には50℃に

湯煎で調整する．

⑥ スポンジ（ジェノワーズ）を作る．
- ⅰ．大きなボールに卵を入れ，泡立て器でムラなくほぐし，グラニュー糖を加え，底をクルクルこするようにして混ぜながら溶かす．ざらざら感が消えればよい．
- ⅱ．④の鍋にⅰのボールを湯煎にかけ，泡立て器で30秒ほど混ぜ，卵液を35℃にする．
- ⅲ．ⅱをハンドミキサーの高速で7分間泡立てる．次第に白っぽくなり，つやが出てくる．終了の見極めは，もったりとして生地が羽の中に残って落ちない状態になればよい．
- ⅳ．ハンドミキサーを低速にし，ボールの中をゆっくり円を描くように6分間動かしながらきめを整える．ハンドミキサーは激しく動かさない．気泡が細かくなり，さらにつやつやしてすくっても流れ落ちない状態になればよい．
- ⅴ．ⅳに②の粉をまんべんなくふり入れ，ゴムベラで20～25回さっくりと混ぜる．
- ⅵ．⑤に，ⅴの一部を入れて混ぜ合わせ，ゴムベラで受けながらⅴのボールに入れ，20回ほど手早くムラのないように混ぜる．
- ⅶ．ⅵを，③の天板に流し入れ，四隅まできっちりのばす．
- ⅷ．予熱したオーブンに入れ，設定を180℃に下げて12分焼く．焼き上がったら天板から出して網にのせて冷ます．冷めたらパラフィン紙を取る．
- ⅸ．スポンジの手前から10cmくらいの所に約2cm幅に軽く切り込みを入れ，巻きやすくする．巻き終りになる端は約2cm幅を斜めに切り取って巻き止まりが安定するようにし，きれいなパラフィン紙の上にのせる．リキュールでのばしたジャムを塗ってスポンジを巻いていく．

⑦ チョコレートクリームを作る．
- ⅰ．チョコレートは細かく刻み，大きめのボールに入れ，湯煎にかけて溶かす．
- ⅱ．溶かしたチョコレートに生クリームを少しずつ加え，泡立て器でチョコレートがだまにならないように溶きのばす．
- ⅲ．ある程度溶きのばしたら，残りの生クリームを加え，氷水にあてながら六分立てにしてリキュールを加え，八～九分立てにする．
- ⅳ．飾り用のチョコレートクリームはⅲから少量取り，湯煎で溶かしたミルクチョコレートを混ぜ合わせる．

⑧ 巻いておいたスポンジの端を斜めにカットし，カットした部分をチョコレートクリームを糊にしてスポンジにつけ，巻き止める．全体にチョコレートクリームを

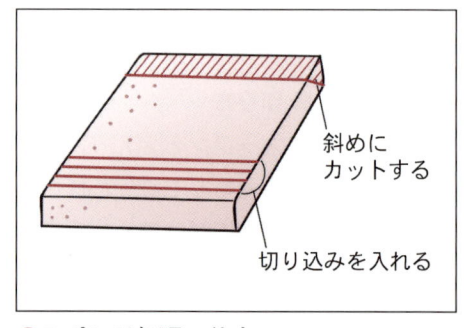

●スポンジ処理の仕方

たっぷりと塗り，フォークで模様をつけ，オーナメントやスライスアーモンドなどで盛り付ける．
⑨ 飾り用のチョコレートクリームでつたや年輪を描く．

斜めにカット

クリームをのりにする

●ブッシュドノエルの飾り

point&study

● ルウ（Roux）

小麦粉をバターで炒めた炒り粉で，ソースのつなぎには重要な役目をもっている．粉の炒め具合によって3種類に分けることができる．

(1) 白色ルウ（White roux, Roux blanc）…ベシャメルソースに用いられる．白く仕上げるため，牛乳でのばす．

(2) クリーム色ルウ（Cream roux, Roux creme）…ヴルテーソースに用いられる．ルウはクリーム色にし，牛乳のかわりに白いだし汁（ストック）でのばす．

(3) とび色ルウ（Brown roux, Roux brun）…ブラウンソース，ドミグラスソースを作るときに用いられる．ルウは茶色にし，茶色のだし汁（ブイヨン）でのばす．

● 基本ソースの分量

ソースのかたさ	バター	小麦粉	液体	食塩
やわらかいソース	11 g	11 g	200 ml	1.5 g
かたいソース	25 g	25 g	200 ml	1.5 g

＊小麦粉はバターと同量から1.5倍使用することができる．小麦粉の量が増加するとともにソースの濃度は濃くなる．

● リエーゾン（仕上げ用）（Liaison）

ソースを濃くなめらかにし，美味にするためのもので，材料は小麦粉，デンプン，卵黄，生クリーム，バターなどいろいろなものが用いられる．

(1) バターのつなぎ…温めて溶かしたバター2～3に対して小麦粉1の割合で混ぜたもので，ブールマニエ（Beurre manie）と呼ばれる．液体に加えて数分間とろみが出るまで煮る．

(2) 生クリームのつなぎ…ホワイトソースやドミグラスソースに濃度をつけ，さらにうま味をつけるために入れる．美しいつやもつけることができる．

(3) 卵黄のつなぎ：火を通した詰め物の材料をベシャメルソースやヴルテーソースでかためるために用いたり，クリームスープやホワイトソースに濃度や光沢を出すため，少量の牛乳で溶きのばして混ぜ合わせる．

● スポンジケーキ

スポンジケーキを作る場合，卵白の気泡性とともに卵黄の乳化性を生かすことが必要である．生地の作り方には別立て法，共立て法の2つの方法がある．

(1) 別立て法…全卵を卵白と卵黄に分け，それぞれ別に泡立てる方法．卵白を泡立て，砂糖を2～3回に分

けて加え，さらに泡立てて最後に卵黄を混ぜ合わせる．共立て法に比べて焙焼後の膨化性は劣るが，泡立てにエネルギーを必要としないので，泡立てやすく失敗が少ない．

(2)共立て法…全卵を撹拌し砂糖を加えて泡立てる方法であり，泡立てるためのエネルギーや時間が多く必要であるが，泡が細かく，安定性が高くなるため，ケーキ作成に利用したときには焙焼後のケーキ容積の膨化が大きくなる．しかし，手動では十分に泡立てるのが困難なため，電動ミキサーを用いて泡立てる．泡立てるときに30～40℃の湯煎で温めながら行うと，たんぱく質の結合力が弱くなり泡立てやすくなる．

● パウンドケーキ

(1)パウンドケーキはバターケーキの一種で，バター，砂糖，卵，小麦粉を1ポンドずつ用いたことからこの名がつけられた．スポンジケーキが泡立てた生地であるのに反し，パウンドケーキはすり混ぜるので，内面の組織がやや重い感じがする．また，焼いた表面に割れ目ができるのが特徴である．すべての材料を同量にしたパウンドケーキは比較的長く保存できる．

(2)パウンドケーキは焙焼温度が低いほど外側と中心部の温度の差が少なく，比較的平均に膨化するので，表面は割れない．焙焼温度が高いと周囲が早く固まるため，膨張力は，まだ固まらない中心部に向かって膨化して割れてくる．

栄養量（1人分）

料理名	エネルギー (kcal)	たんぱく質 (g)	脂質 (g)	炭水化物 (g)	食物繊維総量 (g)	食塩相当量 (g)
ビーフストロガノフ	313	8.7	26.2	6.8	0.7	1.1
バターライス	331	4.9	5.6	62.1	0.4	0.7
マセドアンサラダ	63	1.1	1.9	10.6	1.3	0.2
ブッシュドノエル	355	5.4	20.1	38.0	1.2	0.1
合計	1062	20.1	53.8	117.5	3.6	2.1

応用

● 主菜のバリエーション

(1)豚肉を用いたポークストロガノフにもできる．

(2)バターライスは，パセリを混ぜ込んだり，にんじんのみじん切りを炊き込む，ブイヨンで炊き込む方法などを用いることができる．

● 副菜のバリエーション

サラダはマヨネーズと和えずに温野菜として添える．

● 菓子のバリエーション

ブッシュドノエル

(1)チョコレートクリームを生クリームにし，雪がつもった木に見立てることができる．その際には，ジェノワーズに塗るジャムをラズベリーなどのベリー系のジャムにすると相性がよい．

(2)ジェノワーズに塗るジャムをクリームとフレッシュな果物にすることができる．

(3)クリームをバタークリームにすることができる．

(4)飾り付けに用いる材料は好みのものを用い，自由に飾り付けるとよい．

● 食事療養への応用

■エネルギー制限食・脂肪制限食

(1)ビーフストロガノフ：バターライスのバターを使用せず，ブイヨンで炊き込む．米飯にパセリなど香りのあるものを混ぜる．ビーフストロガノフの牛肉などの具材は，炒める

バターを除き，ルウで煮込みながら調理する．
⑵マセドアンサラダ：マヨネーズの使用量を1/2にする．マヨネーズで和えずに温野菜として提供する．

■食塩制限食
　食塩の全体の使用量を減らす．
■たんぱく質制限食
　ビーフストロガノフの肉の使用量を減らす．

MEMO

16 西洋料理：実習

menu
1 ローストチキン
（にんじんのグラッセ，芽キャベツのソテー）
2 フルーツパンチ

学習テーマ
● パーティー料理

1 ローストチキン　Roast chiken, Pulet roti

(1) ローストチキン

材料	分量（1羽分）	●人分重量（g）
若鶏（1.2 kg）	1羽	
食塩	鶏重量の1.2％	
こしょう	少々	
バター	鶏重量の5％	
たまねぎ	鶏重量の4％	
にんじん	鶏重量の4％	
セロリ	鶏重量の2.5％	
パセリ	1枝	
スープ	鶏重量の25％	
グレービーソース		
焼き汁	全量	
スープ	100 ml	
白ワイン	スープの15％	
食塩	少々	
こしょう	少々	
クレソン	適量	

■ 作り方

① オーブンを200℃に温めておく．

② 鶏を水洗いし水気をふく．半量の食塩とこしょうを胴の中にすり込み，残りの食

塩とこしょうを外側にすり込む．

③ 香味野菜（たまねぎ，にんじん，セロリ）は薄切りにする．

④ 首つるを取り，鶏の形を整えて全体に溶かしバターを塗り，胸を下にして天板にのせ，200〜220℃に熱したオーブンで焼く．

⑤ 10分後に天板ごと取り出し，鶏を横向きにして倒し，溶かしバターを刷毛で塗り，周りに香味野菜を入れて焼く．

⑥ 15分後，鶏を反対の横向きにして倒し，スープをかけ，その上に溶かしバターを塗り焼く．

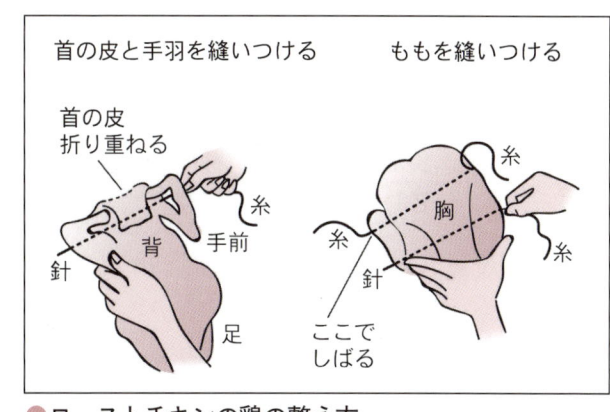

● ローストチキンの鶏の整え方

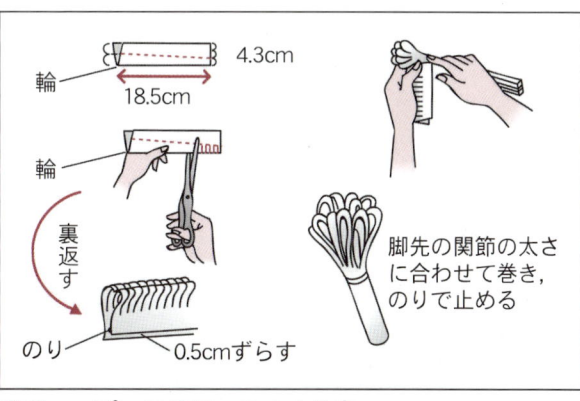

● チャップ・フラワーのつくり方

⑦ 15分後，再び胸を上にし，焼き汁をかけて10分焼き仕上げる．

⑧ グレービーソースを作る．
　ⅰ．天板に残った焼き汁をこすって鍋に入れ，白ワイン，スープを加えて5〜6分ほど煮立たせる．
　ⅱ．ⅰを裏ごし，食塩，こしょうで調味する（コーンスターチでとろみをつけてもよい）．

⑨ 盛り付けてクレソンを添える．

(2) 付け合わせ（にんじんのグラッセ　Carottes glacees，芽キャベツのソテー　Choux de Bruxelles sautés）

材料	分量（1人分）	●人分重量（g）
にんじんのグラッセ		
にんじん	50 g	
バター	にんじんの8％	
水	にんじんと同量	
砂糖	にんじんの4％	
食塩	にんじんの0.8％	

芽キャベツのソテー

芽キャベツ	50 g
バター	芽キャベツの10％
食塩	芽キャベツの1％
こしょう	少々

■ 作り方

にんじんのグラッセ

① にんじんは5 cm長さのシャトー型にする．
② 鍋ににんじん，分量の水，バター，調味料を入れ，落し蓋をして煮る．
③ 煮立ったら火を弱め，汁気がなくなるまで煮る．
④ 最後は強火で煮からめる．

芽キャベツのソテー

① 芽キャベツは外側の傷んだ葉を取り，根元に十字の切れ目を入れて塩茹でする．
② フライパンにバターを溶かし，茹でた芽キャベツを炒め，食塩，こしょうで調味する．

2 フルーツパンチ　Fruits punch

材料	分量（1人分）	●人分重量（g）
果物	70 g	
バナナ	15 g	
りんご	10 g	
キウイフルーツ	10 g	
黄桃（缶）	10 g	
いちご	15 g	
オレンジ	10 g	
シロップ	果物全体量の30〜50％	
砂糖	必要量の35％	
水	必要量の35％	
白ワイン	必要量の18％	
レモン汁	必要量の12％	
炭酸水	好みによりシロップの0〜100％	

■ 作り方

① 鍋に砂糖と水を入れ，75％の重量になるまで煮詰めて冷やす．
② ①にワイン，レモン汁を加える．
③ 果物はそれぞれ皮をむき，好みの形に切って器に盛り，果物の上から②のシロップをかけ，炭酸水を加えてひと混ぜする．
④ 泡が上がっているところを供する．

point&study

- "パンチ"とは，本来はレモン汁，砂糖，ワインが土台となった混合飲料のことで，これに果物を入れたものがフルーツパンチである．
- **クリスマス**
  キリスト降誕祭．4世紀半ばにローマ法王が12月25日に決めた．冬至と重なるので盛大に行われる．
  (1) クリスマスの色（赤，緑，白）…赤はキリストの血を意味し，西洋ひいらぎの実やポインセチア，緑は永遠の命の象徴で常緑樹のもみの木，えぞ松が用いられる．白はローソクの色（教会の祭壇を表す）である．その他，星や雪，天使や小動物，シャンピニオンが飾られる．
  (2) クリスマスの料理…キリスト教では1年で最も豪華な食事をする日である．メインは七面鳥，鶏，がちょう，鹿のローストで，種実，ドライフルーツ，香辛料を用いる．シャンピニオン，かぶ，カリフラワーなど白い野菜も用いられる．
  (3) クリスマスの飲み物…クリスマス用の紅茶やコーヒーはスパイスの効いたものが多い．

栄養量（1人分）

料理名	エネルギー(kcal)	たんぱく質(g)	脂質(g)	炭水化物(g)	食物繊維総量(g)	食塩相当量(g)
ローストチキン	204	14.8	14.9	0.3	0.1	1.2
にんじんのグラッセ	46	0.4	2.5	5.8	1.2	0.4
芽キャベツのソテー	47	2.9	2.5	5.0	2.8	0.4
フルーツパンチ	72	0.6	0.1	18.0	1.0	0.0
合計	369	18.7	20.0	29.1	5.1	2.0

応用

●主菜のバリエーション
鶏1羽で調理が困難な場合は，鶏肉の骨付きもも肉や手羽などを用いるが，肉の大きさによって加熱時間を調節する必要がある．

●副菜のバリエーション
ローストチキンににんじんのグラッセと芽キャベツのソテーは定番であるが，マッシュポテトやシャトー型に整えたじゃがいもをソテーしたもの，茹でブロッコリー，茹でアスパラガスなどを添えてもよい．

●食事療養への応用

■エネルギー制限食・脂肪制限食
(1) ローストチキン：全体にバターの使用量を1/2にする．バターを減らし，スプレーオイルを活用する．鶏胸肉を使用する．
(2) にんじんのグラッセ，芽キャベツのソテー：茹でるだけにし，ソテーしない．
(3) フルーツパンチ：シロップの使用量を1/2にする．

■食塩制限食
全体に食塩の使用量を減らし，野菜を茹でる際には食塩水にしない．

■たんぱく質制限食
ローストチキン：鶏肉の使用量を減らす．ローストチキンの付け合わせには，たんぱく質含量の少ない野菜を用いる．

中国料理

実習 17
・糖醋魚
・四宝湯
・杏仁豆腐

実習 18
・涼拌海蜇皮
・青椒牛肉絲
・魚丸子湯
・炸菊花餅

実習 19
・麻婆豆腐
・蕃茄蛋花湯
・什錦炒飯
・抜絲白薯

実習 20
・雲白肉片
・乾焼明蝦
・牛奶玉米湯

実習 21
・涼拌芹菜豆芽
・果粒蝦仁
・餛飩湯
・肉包子

実習 22
・蝦仁吐司
・冷拌黄瓜
・豆腐蛤蜊羹
・餃子・鍋貼
・西貢米凍

Chinese

中国料理の特徴

　中国料理は古い歴史と豊かな文化の伝統をもつ中国で発達した．その源には，不老長寿を願い，健康のためにあらゆるものを食物として利用する医食同源の考えが根強い．

　広大な国土であるため，各地方によって気候，産物，生活習慣なども異なり，地方色豊かである．

中国料理の系統

北方系	・北京料理，山東料理など ・宮中の伝統ある格式の高い料理
江浙系	・上海料理，揚州料理など ・米が多くとれる ・味が淡泊である ・魚類，えび，かになどの料理が発達している
四川系	・四川料理，雲南料理など ・湿気が多く，山地のため，食品の貯蔵の面から漬物が発達している ・唐辛子，にんにくを用いた，辛い味が特徴
南方系	・広東料理，福建料理など ・材料の持ち味を主にした料理 ・近海沿岸のため欧米文化の影響を受け，洋風材料を用いた料理が多い

食品材料
- 料理素材は豊富で，材料の用い方が広く，無駄がない．
- 特殊材料としての乾物も豊富で，もどし方も独特である．

調理法
- 生もの料理が少なく，ほとんどは加熱調理である．
- 加熱調理は2～3種類の加熱形態を組み合わせることが多い．
- デンプン，油脂，香辛料，調味料を巧みに用いて，特有の濃厚味とうま味を醸し出す．

調理器具，食器
- 調理器具は簡素で種類は少ないが，ひとつの器具を種々の調理に用いることができ，合理的である．
- 食器は陶磁器が多く使用され，盛り付け用食器と取り分け用食器がある．
- 大皿に盛り付けて供され，各自で取り分けて食べることが多い．

食卓構成
- 円卓が多く用いられ，取り回し形式により各自が皿に取り分ける．

献立（菜単 ツァイダン）構成
- 京果 チンクオ（おつまみ）
- 前菜 チェンツァイ：冷菜 レンツァイ（冷葷 レンフン），熱菜 ジヌツァイ（熱葷 ジヌフン）
- 大菜 ダァツァイ（主要料理）：炒菜 チャオツァイ（炒め物料理），炸菜 ツァツァイ（揚げ物料理），蒸菜 ツンツァイ（蒸し物料理），溜菜 リウツァイ（あんかけ料理），煨菜 ウェイツァイ（煮込み料理），烤菜 カオツァイ（直火焼き料理），湯菜 タンツァイ（スープ料理），飯 ファン（主食），飯菜 ファンツァイ（漬けたもの）
- 点心 ディエンシン：甜点心 ティエディエンシン（甘味のもの），鹹点心 シェンディエンシン（塩味のもの）

素材の切り方
- 基本となっているのは，絲 スー，片 ビエン，丁 デイン，塊 コワイ，条 テイヤオの5種類である．
- 特徴としては，主材料に合わせて同じような形に副材料を切ることで，これにより火の通りを一様にし，でき上がりも美しくなる．

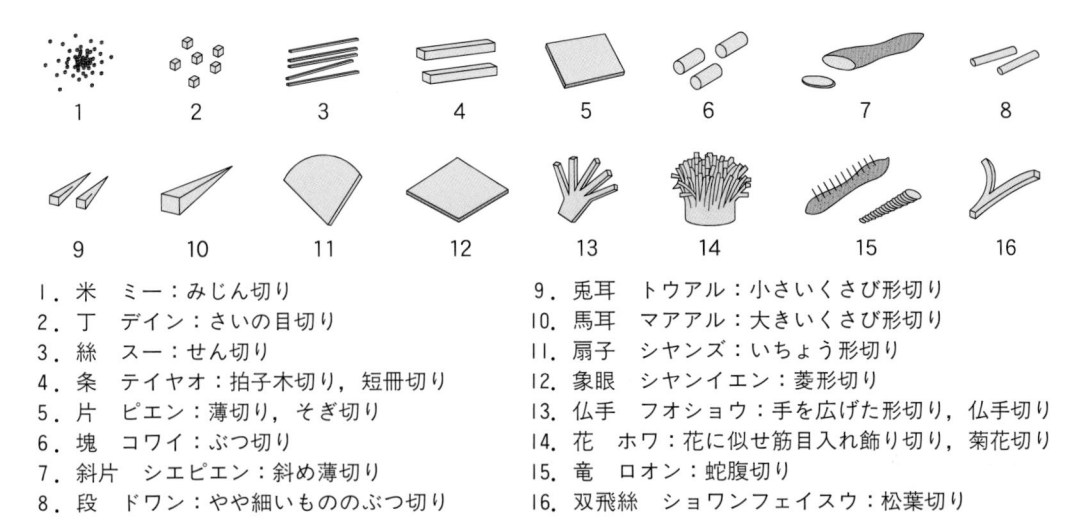

1. 米　ミー：みじん切り
2. 丁　デイン：さいの目切り
3. 絲　スー：せん切り
4. 条　テイヤオ：拍子木切り，短冊切り
5. 片　ピエン：薄切り，そぎ切り
6. 塊　コワイ：ぶつ切り
7. 斜片　シエピエン：斜め薄切り
8. 段　ドワン：やや細いもののぶつ切り
9. 兎耳　トウアル：小さいくさび形切り
10. 馬耳　マアアル：大きいくさび形切り
11. 扇子　シヤンズ：いちょう形切り
12. 象眼　シヤンイエン：菱形切り
13. 仏手　フオショウ：手を広げた形切り，仏手切り
14. 花　ホワ：花に似せ筋目入れ飾り切り，菊花切り
15. 竜　ロオン：蛇腹切り
16. 双飛絲　ショワンフェイスウ：松葉切り

中国料理の材料の切り方

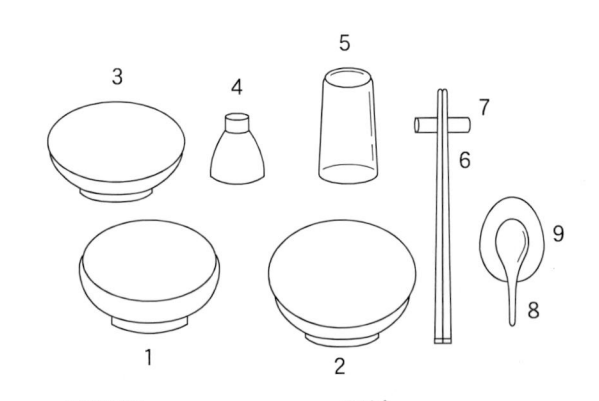

1. 小湯碗(小井)　シヤオタンワン
2. 碟子(取り皿)　デイエズ
3. 飯碗(飯茶碗)　ファンワン
4. 酒杯(盃)　ジオウペイ
5. 玻璃杯(ガラスコップ)　ポオリイペイ
6. 筷子(箸)　コワイズ
7. 筷架(箸置き)　コワイジャ
8. 湯匙(ちりれんげ)　タンチイ
9. 湯匙架(ちりれんげ置皿)　タンチイジャ

1人分の食器の配置

17 中国料理：実習

menu
1. 糖醋魚（タンツウユイ）（魚の甘酢あんかけ）
2. 四宝湯（スーポータヌ）（うずらの卵スープ）
3. 杏仁豆腐（シンレンドウフ）

学習テーマ
- 魚の三枚おろし
- 中華スープ（上湯）のとり方
- 寒天の扱い方

1　糖醋魚（魚の甘酢あんかけ）

材料	分量（1人分）	●人分重量（g）
魚（さば）	正味 80 g	
食塩	魚の 0.6 ％	
こしょう	少々	
片栗粉	適量	
揚げ油	適量	
サラダ油（炒め用）	野菜の 15 ％	
ねぎ	魚の 5 ％	
しょうが	魚の 2.5 ％	
にんにく	魚の 2.5 ％	
ピーマン	10 g	
干ししいたけ	1 g	
にんじん	10 g	
たけのこ	10 g	
たまねぎ	10 g	
湯	20 mℓ	
甘酢あん		
湯	20 mℓ	
酒	湯の 30 ％	
砂糖	湯の 10 ％	
食塩	湯の 0.5 ％	

酢	湯の10％
しょうゆ	湯の17％
ケチャップ	湯の60％
片栗粉	1g

■ 作り方

① 魚は三枚におろして骨を抜き，一口大に切り，食塩，こしょうで下味をつける．
② ねぎ，しょうが，にんにくはみじん切りにし，ピーマン，にんじん，たけのこ，しいたけは魚と同じ大きさの片（ピェン）にする．
③ ピーマンは油通しする．
④ 魚は水分をよくふき，片栗粉をまぶして180℃の油で揚げる．
⑤ 熱した中華鍋に炒め用の油を入れ，しょうが，にんにく，ねぎを入れて弱めの中火で軽く炒めて香りを出す．その後かたい野菜から炒めていく．
⑥ ⑤に湯を加え，一煮立ちしたら，合わせ調味料を入れてから③を加え，水溶き片栗粉でとろみをつける．
⑦ 魚を器に盛り，上から甘酢あんをかける．

point&study

● あんかけ料理のことを溜菜（リュウツァイ）という．あんにより多種の調味料と水と油が融合し，煮汁に無駄がなく，保温性も高まる．舌触りがなめらかであり，光沢のある料理である．溜菜の種類は材料や調理法，あんの組み合わせによって分けられる．
(1) 糖醋（タンツウ），醋溜（ツウリュウ）：甘酢あん．しょうゆ，砂糖，酢で調味したあん
(2) 玻璃（ポーリー），水晶（シュイチン）：透明なあん．食塩，砂糖，酒で調味したあん
(3) 蕃汁（ファンデー），茄汁（チェデー）：トマトあん．トマトやトマトピューレー，トマトケチャップなどを用いたあん．紅色を吉祥とする中国ではよく用いる．
(4) 奶油（ナイユウ），奶汁（ナイデー）：牛乳あん．牛乳を加えた汁に食塩，酒などで淡白に調味したあんで，牛乳の量は湯と同量，またはそれ以下がよい．
(5) 醬汁（ジャンデー）：しょうゆあん．しょうゆを主にしたあんで，酢を加えないため，砂糖を控える．

2　四宝湯（うずらの卵スープ）

(1) 上湯（シャンタン）

材料	分量（5人分）	●人分重量（g）
水	1,200 mℓ	
豚すね肉	水の17％	
しょうが	水の1.2％	
ねぎの青い部分	水の2.5％	
酒	水の1.2％	

■ 作り方

① 寸胴鍋に水を入れ，その中に薄く切った豚肉を入れて火にかけ，沸騰するまで強火で煮る．途中で浮いてきた泡をすくい取る（あく取り）．

② 中火にし，しょうがをたたきつぶしたものとねぎと酒を加え，再び沸騰したら弱火にして 2/3 まで煮詰める．
③ ネルまたは布巾でこす．

point&study

- 湯(タン)とは日本のだし汁，西洋のスープストックにあたる．湯菜はもちろん，炒菜，溜菜などほとんどすべての料理に用いられ，料理の味を左右する．
- 材料により葷湯(ホヌタン)（動物性食品のスープ），素湯(スウタン)（植物性食品のスープ），湯の状態によって清湯(チンタン)（澄んだスープ），奶湯(ナイタン)（濁ったスープ），等級により上湯(シャンタン)（一番だしの澄んだスープ），二湯(アルタン)（二番だし）に大別される．
- 葷湯(ホヌタン)の材料は，鶏（丸鶏，皮，鶏がら），牛豚肉，火腿（中国のハム），魚類，干し貝柱，干しあわび，干しえびなどを単独または組み合わせて用い，ねぎ，しょうがなどの野菜を加えて煮出す．
- 素湯(スウタン)は大豆もやし，その他の野菜類やしいたけなど植物性乾物類などからとる精進スープである．

(2) 四宝湯（うずら卵のスープ）

材料	分量（1人分）	●人分重量（g）
うずらの卵	20 g（約 2 個）	
ハム	8 g（約 1/3 枚）	
えのきたけ	5 g	
みつば	2 g	
上湯	150 ml	
食塩	上湯の 0.8 %	

■ 作り方

① うずらの卵は水から茹で，沸騰して 5 分たったら取り出し，水で冷やして殻をむく．
② ハムは約 4 cm の長さの絲(スー)にする．
③ みつばはさっと茹で，約 2 cm に切る．
④ えのきたけは石づきを切り落とし，約 4 cm に切る．
⑤ 上湯に卵，ハム，えのきたけを入れ，食塩で調味し，みつばを加える．

3 杏仁豆腐

材料	分量（1人分：100g）	●人分重量（g）
棒寒天	全体の 0.8 %	
水	全体の 44 %	
牛乳	全体の 40 %	
砂糖	全体の 13 %	
杏仁粉	全体の 2.2 %（4 倍の水で溶く）	
シロップ	棒寒天の 30〜40 %	

水	シロップ全体量の 80％
砂糖	シロップ全体量の 20％
飾り用	
缶詰みかん	4 粒
缶詰白桃	1/8 個
その他の果物	適量

■ 作り方

① 棒寒天は水にもどして絞っておく．
② 杏仁粉は 4 倍の水で溶いておく．
③ 牛乳は温めておく．
④ 鍋に水と①を加えて火にかけ，寒天が溶けたら砂糖と溶いた杏仁粉を入れ，牛乳を加えて，均一に混ぜたらこし，粗熱を取った後，水を通した器に入れてかためる．
⑤ シロップ用の水，砂糖を煮立ててシロップを作り，冷ましておく．
⑥ ④が固まったら菱形に包丁を入れ，シロップを周囲から静かに注ぎ，上にフルーツを飾る．

point & study

- 杏仁豆腐が浮いて，切れ目にすき間があくのは，シロップとの比重の差によるものである．
- 寒天ゲルに牛乳を加える場合，牛乳量が多いほどゼリー強度が低くなる．これは，牛乳の脂肪やたんぱく質が寒天ゲルの構造を阻害するためと考えられている．寒天ゲルに砂糖を添加する場合，砂糖濃度が高くなるほどゼリー強度が増加する．
- 杏の種子の中の実を干して，薄皮をむいてひいたものが杏仁霜で，不老長寿の薬効があると中国では言い伝えられ，珍重されている．
- 杏仁豆腐は本来ラーメン碗（下が狭く上が広い）のような器に盛り，菱形に切った後シロップを入れ，浮いたものを，月光の下の船上で揺られながら食べることは当時中国の文人の楽しみであった．

栄養量（1人分）

料理名	エネルギー(kcal)	たんぱく質(g)	脂質(g)	炭水化物(g)	食物繊維総量(g)	食塩相当量(g)
糖醋魚	365	18.0	24.5	14.4	1.5	1.6
上湯	5	1.2	0.0	0.0	0.0	0.2
四宝湯	51	5.4	3.0	0.7	0.3	1.4
杏仁豆腐	200	1.4	1.5	46.5	0.8	0.0
合計	621	26.0	29.0	61.6	2.6	3.2

応用

- **主菜のバリエーション**

  さばの代わりに，たら，あじ，いわしなどを用いることができる．
- **スープのバリエーション**

  みつばをほうれん草，こまつな，にんじん，しいたけなどに替えてもよい．

●食事療養への応用

■エネルギー制限食・脂肪制限食
(1)糖醋魚：魚は揚げずに蒸したり，片栗粉をつけて焼いて用いる．あんかけの野菜類は炒めずに茹でて使用する．だいこんおろし，しそ，三杯酢などでおろし和えにする．
(2)杏仁豆腐：使用する牛乳を低脂肪牛乳に代替する．砂糖の使用量を 2/3 にし，シロップの分量を 1/2 量にする．

■食塩制限食
全体に食塩の使用量を減らし，しょうゆは減塩しょうゆを用いる．また，香りの強いしょうがなどを用いることで，食塩の使用量を抑えることができる．

■たんぱく質制限食
(1)糖醋魚：魚の使用量を減らす．
(2)四宝湯：ハム，卵を使用せず，野菜類を用いる．

MEMO

中国料理：実習 18

menu
1. 涼拌海蜇皮（リャンバンハイツォーピイ）（くらげの酢の物）
2. 青椒牛肉絲（チンジャオニュウロウスー）（ピーマンと牛肉の炒め物）
3. 魚丸子湯（エイワンズタン）（魚団子のスープ）
4. 炸菊花餅（チャージュウホアピン）（菊の花の揚げ菓子）

学習テーマ
- くらげの扱い方
- 魚のすり身
- 絲の練習

1 涼拌海蜇皮（くらげの酢の物）

材料	分量（1人分）	●人分重量（g）
くらげ（もどして）	30 g	
きゅうり	16 g	
角ハム	8 g	
卵	1/5 個	
合わせ酢	材料の 20〜30 %	
酢	全体量の 45 %	
しょうゆ	全体量の 34.3 %	
砂糖	全体量の 10 %	
食塩	全体量の 1.7 %	
ごま油	全体量の 9 %	

■ 作り方
① くらげは薄い食塩水に1日漬けて塩抜きし，水できれいに洗いきる．
② 約80℃の湯に2秒ほどくぐらせた後冷水に取り，水気をきる．
③ きゅうりは斜め薄切りにしてからせん切り，ハムもせん切りにし，卵は薄焼き卵を作ってせん切りにする．
④ 合わせ酢を作る．
⑤ 器に盛り付け，供食前に合わせ酢をかける．

point & study

- くらげは臭気と塩分を除くため，1日水に浸し，2～3回水を取り替えながらもどす．
- くらげのこりこりした独特の歯ごたえを得るために温湯をかける．熱湯に長く浸すと縮みすぎてかたくなり，また低温だと噛み切れないので，80℃，2秒でもどすとよい食感が得られる．
- 冷葷(ロンホヌ)（冷たい前菜）は冷めても味の変わりにくいもので，和え物，酢の物，煮物，焼き物，揚げ物，寄せ物など多種類にわたる．冷葷の品数は偶数とし，普通4～6種類であり，1品ずつ別皿に盛り付けたり，大皿に数種を盛り合わせて拼盤(ピヌパヌ)（前菜）として供する．

2 青椒牛肉絲（ピーマンと牛肉の炒め物）

材料	分量（1人分）	●人分重量（g）
牛赤身肉（薄切り）	50 g	
しょうゆ	肉の4.8％	
酒	肉の7.2％	
片栗粉	肉の2.4％	
揚げ油	肉の20％	
ピーマン	肉の60％	
ねぎ	肉の4.8％	
にんにく	肉の2％	
しょうが	肉の2％	
油	ピーマンの20％	
食塩	肉＋ピーマンの1％	
しょうゆ	肉＋ピーマンの4％	
砂糖	肉＋ピーマンの2％	
酒	肉＋ピーマンの3.7％	
ごま油	肉＋ピーマンの1.5％	

■ 作り方

① 牛肉は繊維に沿って約5cm長さの絲(スー)にし，しょうゆ，酒，片栗粉で下味をつけて約20分おく．
② ピーマンは縦2つ割りにし，種を取って絲にする．
③ ねぎ，にんにく，しょうがはみじん切りにする．
④ ①の肉を油通しし，取り出す．
⑤ あらためて油を入れ，しょうが，にんにく，ねぎを入れ，香りが出てきたらピーマンを入れて炒める．ピーマンにさっと火が通ったら，油通しした肉を加え，あらかじめ合わせておいた調味料を加えて炒める．
⑥ 最後にごま油を加えて仕上げる．

point & study

- **油通し（泡油(パオイウ)）**
材料をやや低温の油の中に入れ，八分通り火を通す操作．動物性食品は調味料で下味をつけ，デンプン

をまぶして 100～130℃，野菜は下味をつけず 140～160℃ で油通しする．たんぱく質食品は表面が膜で覆われるので，うま味成分の流出を防ぎ，口当たりをよくする．

③ 魚丸子湯（魚団子のスープ）

材料	分量（1人分）	●人分重量（g）
白身魚（生たら）	正身 30 g	
Ⓐ 食塩	魚の 1.5％	
酒	魚の 10％	
しょうが汁	魚の 1.6％	
卵白	魚の 10％	
片栗粉	魚の 5％	
干ししいたけ	2 g	
ほうれん草	10 g	
スープ		
湯	200 ml	
酒	湯の 1％	
食塩	湯の 0.7％	
しょうゆ	湯の 0.5％	

■ 作り方

① 魚は皮と骨を除き，身を包丁で細かくたたいて，すり鉢でよくする．

② ある程度身がすれたら，Ⓐの調味料を順番に加え，さらにする．

③ すり身を直径 1.5 cm くらいの団子にし，熱湯で茹でる．

④ 干ししいたけはぬるま湯でもどし，せん切りにする．ほうれん草は茹で，2～3 cm 幅に切る．

⑤ 鍋に湯を入れて調味し，魚の団子，干ししいたけ，ほうれん草を入れ，一煮立ちさせて盛り付ける．

＊ほうれん草の代わりにこまつな，みつば，せん切りのねぎなどを用いてもよい．

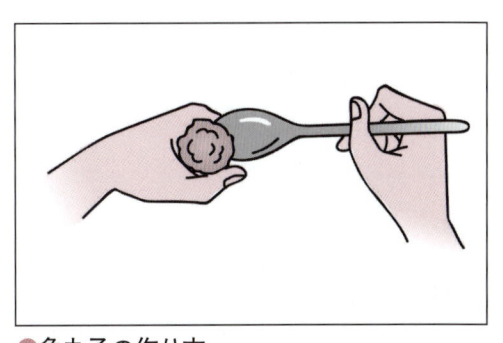

●魚丸子の作り方

point & study

● 魚肉団子について

魚肉に 2～3 %の食塩と 20～30 %の水を加えてすり混ぜると粘調なペースト状になり，しばらく放置すると弾力が生じる（"すわり"の現象）．加熱すると弾力が生じるので，この性質を利用して魚肉団子やかまぼこを作る．

---

4 炸菊花餅（菊の花の揚げ菓子）

材料	分量（1人分）	●人分重量（g）
小麦粉（薄力粉）	30g	
砂糖	小麦粉の 33 %	
食塩	小麦粉の 2.6 %	
シナモン	小麦粉の 1.3 %	
ラード	小麦粉の 8.6 %	
湯	小麦粉の 40 %	
揚げ油	適量	

■ 作り方

① 小麦粉に砂糖，食塩，シナモンを入れてふるう．
② ラードと湯を合わせておき，①に入れ，耳たぶくらいのかたさにこね，約 10 分寝かせる．
③ 寝かせた種を2つに分け，1つを幅8cmの長方形にのばし，周囲を切りそろえる．
④ これを2つに折って 3～4cm 幅に切る．各ブロックを輪のほうから5mm間隔に切り込みを入れ，手前を絞ると菊の花のように開く．
⑤ 170℃の油できつね色になるまで揚げる．

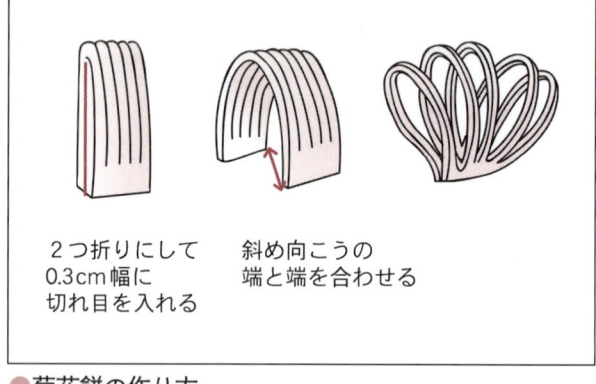

2つ折りにして 0.3cm幅に切れ目を入れる

斜め向こうの端と端を合わせる

● 菊花餅の作り方

栄養量（1人分）

料理名	エネルギー (kcal)	たんぱく質 (g)	脂質 (g)	炭水化物 (g)	食物繊維総量 (g)	食塩相当量 (g)
涼拌海蜇皮	51	4.8	2.4	2.4	0.2	1.1
青椒牛肉絲	185	11.5	28.2	5.8	0.8	1.7
魚丸子湯	47	7.8	0.2	3.2	1.1	2.2
炸菊花餅	182	2.5	4.0	32.9	0.8	0.7
合計	465	26.6	34.7	44.3	2.9	5.7

応用

- **前菜のバリエーション**

  春雨，ささみ，トマト，レタス，わかめ，糸寒天，焼き豚などを用いる．

- **主菜のバリエーション**

  牛肉の代わりに豚肉を用いてもよい（青椒猪肉絲　チンジャオジュロウスー）．また，牛肉とセロリ（干炒牛肉絲　カンチャオニュウロウスー），牛肉とこまつな（牛肉炒菜芯　ニュウロウチャオツアイシン），赤ピーマン，たけのこ，しいたけなどを副材料として用いてもよい．

- **スープのバリエーション**

  白身魚の代わりにえびを用いると蝦丸子湯（シャワンズタン）．

- **食事療養への応用**

  ■エネルギー制限食・脂肪制限食

  (1) 青椒牛肉絲：牛肉は油通しせず，炒めて調理する．また，茹でてから使用する．仕上げの化粧油をカットする．風味をつけたい場合，炒め油にサラダ油とごま油を混合して用いる．

  (2) 涼拌海蜇皮：合わせ酢のごま油を使用しない．三杯酢やねぎ，しょうがなどで風味をつける．

  ■たんぱく質制限食

  青椒牛肉絲の肉の量を減らし，野菜の分量を多くする．

MEMO

19 中国料理：実習

menu
1. 麻婆豆腐（マアボォドウフ）（豆腐と豚ひき肉のとうがらし煮）
2. 蕃茄蛋花湯（ファンチェダスホウァタン）（トマトと卵のスープ）
3. 什錦炒飯（シヂヌチャオファヌ）（五目炒めご飯）
4. 抜絲白薯（バアスーパイスウ）（さつまいものあめ煮）

学習テーマ
- 点心
- 抜絲

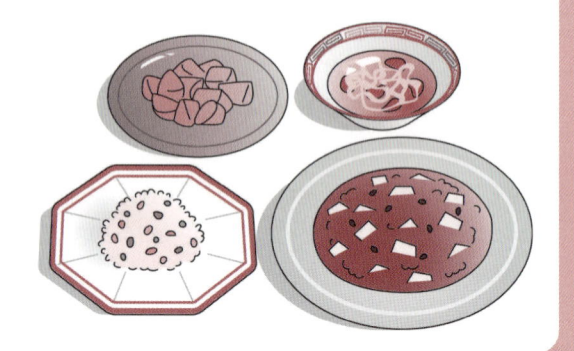

1 麻婆豆腐（豆腐と豚ひき肉のとうがらし煮）

材料	分量（1人分）	●人分重量（g）
木綿豆腐	1/5丁（約60 g）	
豚ひき肉	40 g	
ねぎ	豆腐＋肉の20％	
油	豆腐＋肉の2.6％	
豆板醬	豆腐＋肉の1.2％	
豆鼓（浜納豆）（トウチ）	豆腐＋肉の1％	
しょうゆ	豆腐＋肉の2.4％	
湯	豆腐＋肉の40％	
片栗粉	豆腐＋肉の1.8％	
仕上げ用油	豆腐＋肉の2.6％	

■ 作り方
① 豆腐は水をきって1cm角に切り，ねぎはみじん切りにする．
② 豆鼓はそのままでもよいし，みじん切りにしてもよい．
③ 鍋に油を入れ，豚ひき肉を入れて肉の周りに少し焦げ目がつく程度によく炒める．
④ ③に豆板醬と豆鼓を入れ，しょうゆの半量を加えて少し炒め，スープを入れ，一煮立ちしたら豆腐を入れて煮込む．
⑤ 煮込んだ豆腐に残りのしょうゆを加え，味を整える．
⑥ ねぎを入れ，水溶き片栗粉でとろみをつけ，鍋の回りから仕上げ用の油を入れ，火を強くして混ぜると豆腐の中に含んでいた油が浮き出し，澄んでくる．

point & study

- **麻婆豆腐**
  四川地方の代表的な豆腐料理で辛味が特徴．由来は，清朝の時代，四川省・成都の大衆食堂の妻女が，経済的でおいしい豆腐料理を考案し，それが流行ったが，顔に痘瘡の跡があるその女性を陳麻婆（あばたのおばあさん）と呼んでいたことから，この名がついたという．

- **豆板醬**
  そら豆のみそに唐辛子と香辛料を混ぜて発酵させた唐辛子みそである．辛さが特徴で，主に四川料理に用いられる．

- **豆豉**
  大豆を粒ごと発酵させたもので，黒くて塩辛く，特有の風味がある．日本の浜納豆によく似ており，炒め物，煮物などに塩味をつけるのに用いる．

- 豆腐は1cm角に切った後に1.5％の食塩を加えた熱湯で茹でて水きりしてもよい．
- 豆板醬の分量は好みに応じて加減する．
- 豆豉がない場合，甜麵醬（テンメンジャン），赤みそ（八丁みそ）で代用することができる．
- 仕上げに山椒の実を加えると，独特の辛味と風味が加わる．

2 蕃茄蛋花湯（トマトと卵のスープ）

材料	分量（1人分）	●人分重量（g）
具	上湯の40〜50％	
たまねぎ	具の35％	
トマト（完熟）	具の35％	
卵	具の30％	
上湯	150 mℓ	
食塩	上湯の0.7％	
しょうゆ	上湯の0.5％	
油	たまねぎ＋トマトの6％	

■ 作り方

① トマトは湯むきして，1.5〜2cm厚さの輪切りにし，種を取り出して丁（ディン）に切っておく．

② たまねぎは薄切りにしておく．

③ 鍋に油を熱し，たまねぎがやわらかくなるまで炒め，トマトを加えてさらに炒め，スープを加えて沸騰したら調味し，卵を加えてさっと煮立てて火から下ろす．

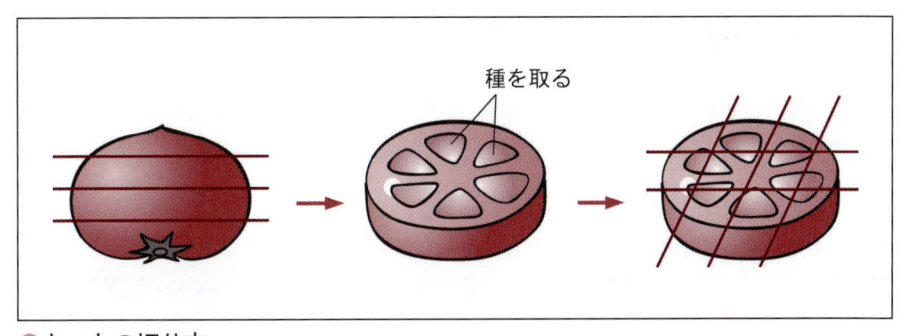

● トマトの切り方

3　什錦炒飯（五目炒めご飯）

材料	分量（1人分）	●人分重量（g）
米	60 g	
卵	1/5〜1/2個	
食塩	卵の1％	
油	卵の30％	
かに（缶）	10 g	
角ハム（約0.7 cm厚さ）	8 g	
干ししいたけ	1 g（乾物）	
たけのこ	4 g	
ねぎ	8 g	
油	3 ml	
食塩	少量	
こしょう	少量	
ラード	4 g	
食塩	飯の0.8％	
しょうゆ	飯の1.2％	
酒	飯の1.5％	
グリンピース	2 g	

■ 作り方

① 米はかために炊く．

② かには軟骨を取り除きほぐす．角ハム，しいたけ，たけのこは0.7 cm角に切り，ねぎは米にする．

③ 熱した中華鍋に油を入れ，炒り卵を作って皿に取る．

④ 熱した中華鍋に油を入れ，しいたけ，たけのこ，ねぎを入れ，1分ほど炒めたら調味して取り出す．

⑤ 熱した中華鍋にラードを入れ，飯を入れて手早く炒め，食塩，酒で調味し，卵の2/3量と炒めた野菜を加え，さらに角ハム，かにを加えて炒める．その後，しょうゆを鍋肌から加え，残りの卵とグリンピースを加えて混ぜ合わせる．

point&study

● 点心

中国料理で軽い食事代わりになる軽食や，菓子，デザートなどのことである．塩味と甘味のものがあり，塩味のものには拉麺（ラーミエヌ），餃子，焼売，炒飯などがあり，甘味のものには中国菓子類，甘い飲み物などがある．

● 米と具の割合は1：1〜1.5がよいバランス．飯：具＝2：1〜1.5

● 他の具として，えび，チャーシュー，なるとなどを用いてもよい．

4 抜絲白薯（さつまいものあめ煮）

材料	分量（1人分）	●人分重量（g）
さつまいも	40 g	
揚げ油	適量	
抜絲	さつまいもの 35 %	
砂糖	さつまいもの 25 %	
油	さつまいもの 2.5 %	
水	さつまいもの 5 %	
食酢	さつまいもの 2.5 %	

■ 作り方

① さつまいもは皮をむき，4 cm長さの乱切りにし，水に漬けてあく抜きをする．

② さつまいもの水気をよくふき取り，150℃の油で揚げる．最後は170℃でいもを取り出すと油切れがよい．

③ 中華鍋に抜絲(バアスー)の材料をすべて入れて火をつけ，140℃になるまで静かに加熱する．

④ 140℃になったら，揚げたてのいもを加えて抜絲をからませ，あらかじめ油を塗っておいた皿に盛り付ける．

point & study

● 抜絲は砂糖液を煮詰めてあめ状にして材料にからませ，糸を引くように作った料理である．砂糖液は140℃に煮詰め，熱い材料にからませ，100〜80℃に冷めてくると糸を引く．この状態を抜絲という．銀絲は140℃くらいの加熱で色づかない糸，金絲は150〜160℃の加熱で黄金色に着色した糸のこと．

● その他の材料としてりんご（抜絲蘋果(バアスーピングオ)），バナナ（抜絲香蕉(バアスーヤンジャオ)），やまいも（抜絲山薬(バアスーシャンヤオ)），くり（抜絲栗子(バアスーリイヅ)）がある．

栄養量（1人分）

料理名	エネルギー (kcal)	たんぱく質 (g)	脂質 (g)	炭水化物 (g)	食物繊維総量 (g)	食塩相当量 (g)
麻婆豆腐	190	12.0	13.1	4.8	0.9	0.8
蕃茄蛋花湯	70	4.1	4.5	3.0	0.5	1.3
什錦炒飯	344	9.3	11.0	48.8	1.2	1.7
抜絲白薯	141	0.4	5.2	23.2	1.1	0.0
合計	745	25.8	33.8	79.8	3.7	3.8

応用

● **食事療養への応用**

■ エネルギー制限食・脂肪制限食

（1）麻婆豆腐：豚ひき肉を鶏ひき肉や，豚赤身ひき肉に変更する．仕上げ用油を使用しない．

（2）蕃茄蛋花湯：材料は炒めず，煮て調理することで油の使用量を減らすことができる．

（3）什錦炒飯：フッ素加工のフライパンを用いて調理し，使用する油を1/2量にする．

(4)抜絲白薯：さつまいもは揚げずに，焼いてから1/2量の抜絲にからませる．ふかしいも，焼きいもに変更する．

MEMO

20 中国料理：実習

menu
1. 雲白肉片（茹で豚）ユンパイロービエス
2. 乾焼明蝦（えびのチリソース炒め）カンシャオミンシャ
3. 牛奶玉米湯（中国風コーンスープ）ニュウナイユーミータン

学習テーマ
- 豚肉の部位の使い方・茹で方
- えびの扱い方
- 中国風コーンスープの作り方

1 雲白肉片（茹で豚）

材料	分量（1人分）	●人分重量（g）
豚肩肉	70 g	
しょうが	豚肉の 4 %	
ねぎの青い部分	豚肉の 7 %	
酒	豚肉の 4 %（茹でる水の 1.25 %）	
水	豚肉の 3.5 倍	
きゅうり	40 g	
ねぎ	5 g	
合わせ調味料	豚肉の 25 %	
甜麺醤	合わせ調味料の 19.5 %	
しょうゆ	合わせ調味料の 58.0 %	
酢	合わせ調味料の 10.7 %	
ごま油	合わせ調味料の 7.0 %	
ラー油	合わせ調味料の 1.6 %	
にんにく	合わせ調味料の 3.2 %	

■ 作り方

① 脂身を含む豚肩肉の塊を選び，糸で包むように縛る．

② 鍋に水と酒，ねぎの青い部分としょうがを入れて沸かし，沸騰してから豚肩肉を入れて茹でる．

③ あくが出たら，すくって出す．

④ 約1時間から1時間半煮込み，竹串で刺して澄んだ汁が出ればでき上がり．
⑤ 皮むきで薄くスライスしたきゅうりを半折して皿にのせ，その上に冷ました豚肩肉を薄くスライスしてきゅうりの上に重ね，花のように並べる．さらにその上に白髪ねぎを飾る．
⑥ 合わせ調味料を添える．

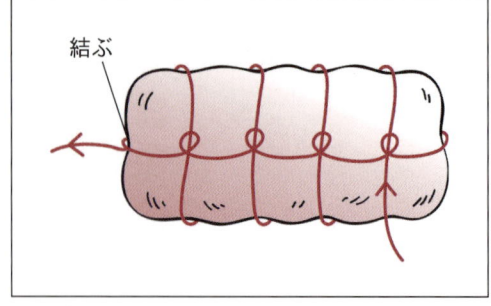

●豚肉の縛り方

point&study

- 茹で豚調理に使用する豚肉の部位は三枚肉，または肩ブロックが適している．その理由は脂身の多いものほど，やわらかく，おいしく食べられるからである．しかし，食事療養の場合には，豚のひれ肉，または鶏肉の代用も可能で，その茹で汁の利用も同様である．
- きゅうりを薄いスライスにすることで豚肉のスライスと統一され，見た目もよく，また，食べやすくなる．

2 乾焼明蝦（えびのチリソース炒め）

材料	分量（1人分）	●人分重量（g）
えび（大正えび・殻付き）	100 g	
酒	えびの重量の3％	
しょうゆ	えびの重量の1.8％	
油	えびの重量の10.4％	
しょうゆ	えびの重量の7.2％	
砂糖	えびの重量の2.7％	
酒	えびの重量の3％	
トマトケチャップ	えびの重量の7.2％	
ウスターソース	えびの重量の3.2％	
ねぎ	えびの重量の10％	
しょうが	えびの重量の9％	
にんにく	えびの重量の1.2％	
赤とうがらし	適量	
片栗粉	えびの重量の1.8％	
サニーレタス	20 g	

■ 作り方

① 殻付きえびを下処理する．頭付きの場合は体の関節一つ目のところで切り，さらに1尾を2つに切る．

② えびの腹部分の足を切り除き，背中に深く包丁を入れて背わたを取って，下味の酒，しょうゆに漬ける．
③ ねぎ，しょうが，にんにく，赤とうがらしをみじん切りにする．
④ 鍋を温め，油を入れてさらに加熱し，③のにんにく，しょうが，ねぎ，赤とうがらしを炒め，香りが出たら，下味をつけたえびを入れて炒める．
⑤ 下味としての酒としょうゆにケチャップ，ウスターソース，砂糖を合わせ，④のえびの色が変わったらすぐに合わせた調味料を加え混ぜ，1分ほどたったら水溶き片栗粉でとろみをつける．
⑥ サニーレタスを敷いた皿にえびを盛り付ける．

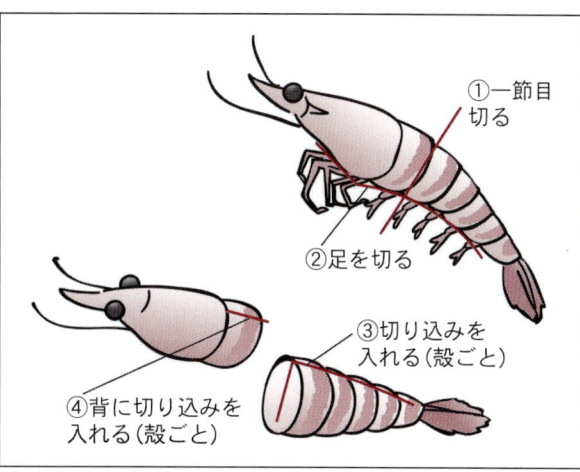

●えびの下処理
① 一節目切る
② 足を切る
③ 切り込みを入れる（殻ごと）
④ 背に切り込みを入れる（殻ごと）

point & study

- えびのチリソース炒めは名菜である．殻付きえびは値段が高いため，むきえびで代用することが近年の主流となっているが，正式には殻付きを使用し，下準備（背中に切れ目を入れ，足を切る）をするため口の中でうまく殻を抜くことができ，えびの表面に付着したチリソースとえびを絡ませて食べることで，たいへんおいしく感じられる料理である．

3 牛奶玉米湯（中国風コーンスープ）

材料	分量（1人分）	●人分重量（g）
スープ	80 ml	
スィートコーン（クリームスタイル）	スープの 100 %	
牛乳	スープの 65 %	
酒	スープの 3.75 %	
食塩	スープの 0.83 %	
片栗粉	スープの 2.25%	
ごま油	スープの 1.0 %	
こしょう	少々	
卵白	スープの 11 %	
ハム	スープの 5 %	
パセリ	スープの 0.6 %	

■作り方

① 豚肩肉の茹で汁から 400 ml を取り，クリームスタイルのコーンと合わせてから温め，牛乳と塩，酒，ごま油，こしょうを加える．
② 片栗粉を同量の水で溶き，スープに加えてとろみをつける．
③ 清潔なボールに卵白を泡立てて②のスープにのせ，せん切りしたハムとパセリを散らす．

point&study

- コーンスープの上の泡立てた卵白をくずして食すると，温かいスープと調和したテクスチャーと味が格別おいしく感じられる一品．また，パセリなど青いものを加えることで，鮮やかな色合いのスープとなる．

栄養量（1人分）

料理名	エネルギー(kcal)	たんぱく質(g)	脂質(g)	炭水化物(g)	食物繊維総量(g)	食塩相当量(g)
雲白肉片	181	14.3	11.4	3.3	0.7	1.4
乾焼明蝦	174	17.3	7.3	7.7	0.9	1.6
牛奶玉米湯	130	5.4	3.3	19.2	1.5	1.4
合計	485	37.0	22.0	30.2	3.1	4.4

MEMO

21 中国料理：実習

menu
1. 涼拌芹菜豆芽 リャンバンチンツアイトウヤー（もやしとセロリの和え物）
2. 果粒蝦仁 コーリーシャーレン（えびとキウイフルーツのマヨネーズ和え）
3. 餛飩湯 フントウンタン（ワンタンスープ）
4. 肉包子 ローパオツー（肉まん）

学習テーマ
- もやしの茹で方
- えびの揚げ方
- ワンタンの作り方
- 小麦粉の扱い
- 小麦粉の発酵と応用

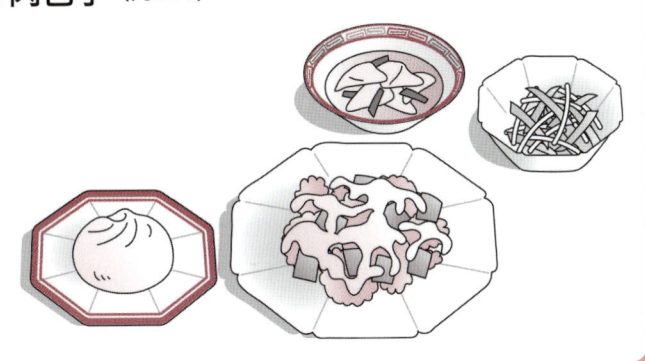

日本料理／西洋料理／中国料理／各国料理

1 涼拌芹菜豆芽（もやしとセロリの和え物）

材料	分量（1人分）	●人分重量（g）
もやし	60 g	
セロリ	20 g	
食塩	材料の1.25％	
ごま油	材料の1％	
こしょう	少々	
うま味調味料	少々	

■ 作り方
① もやしを固茹でしておく
② セロリは筋を取り，せん切りにする．
③ もやしとセロリに調味料を加えて混ぜる．

point&study
- もやしとセロリは手に入れやすい野菜である．もやしを固茹でした後，熱いうちにせん切りにしたセロリと合わせると，セロリのにおいは和らぎ，食べやすくなる．また，材料ごとに調味料を加えて，それぞれ一品として食べることもできる．

2 果粒蝦仁（えびとキウイフルーツのマヨネーズ和え）

材料	分量（1人分）	●人分重量（g）
えび（無頭）	80 g	
卵白	えびの 7.5 ％	
片栗粉	えびの 10 ％	
揚げ油	適宜	
キウイフルーツ	えびの 56 ％	
マヨネーズ	えびの 10.5 ％	

■ 作り方

① えびは殻，背わたを除く．
② えびに片栗粉をつけ，卵白の衣をつけて 165℃ で揚げる．
③ キウイフルーツは皮をむき，さいの目に切る．
④ ②のえびとキウイフルーツをマヨネーズで和える．

point & study

- 果粒蝦仁には，揚げたえびとキウイフルーツの合わせに，マヨネーズを使用することで，こくと甘味と香りが出る．また，色の鮮やかさが食欲をそそる．

3 餛飩湯（ワンタンスープ）

材料	分量（1人分）	●人分重量（g）
豚ひき肉	24 g	
食塩	豚肉の 0.8％	
こしょう	少々	
ごま油	豚肉の 1.6％	
酒	豚肉の 1.6％	
卵	豚肉の 20％	
しょうが	豚肉の 8％	
ワンタン皮	5 枚	
湯（スープ）		
水	160 m*l*	
鶏がらスープの素	水の 0.63 ％	
食塩	水の 0.63 ％	
しょうが	水の 1.25 ％	
こまつな	水の 18.5 ％	

■ 作り方

① 豚ひき肉に塩，こしょう，ごま油，酒，卵を加えて混ぜる．
② ワンタン皮で①を包む．

中国料理 ● 実習 21

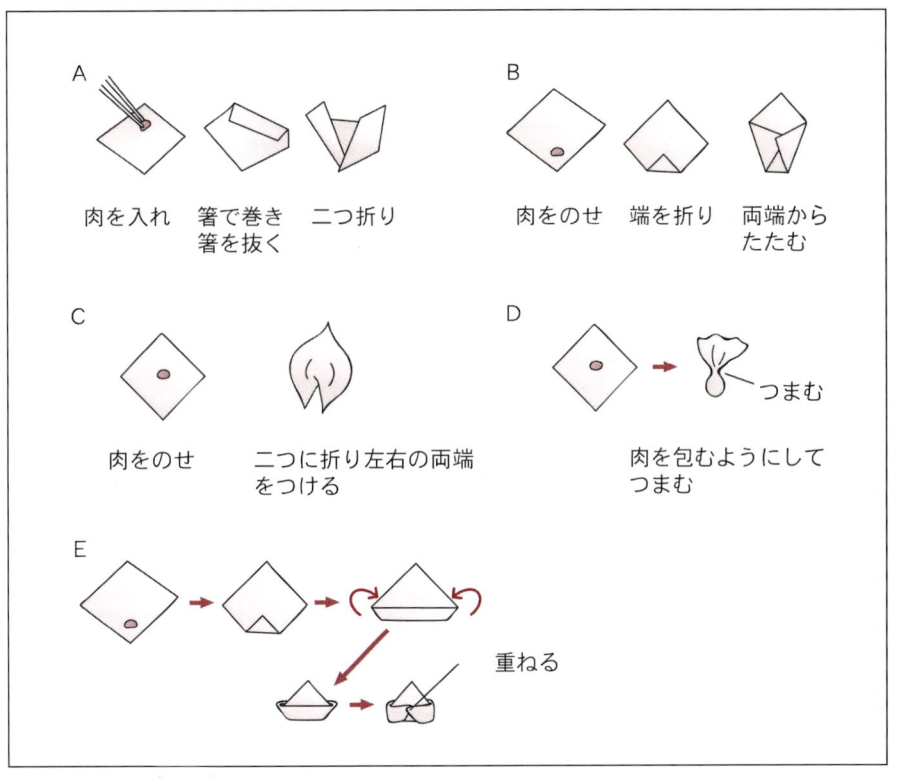

```
A  肉を入れ  箸で巻き  二つ折り
              箸を抜く

B  肉をのせ  端を折り  両端から
                      たたむ

C  肉をのせ  二つに折り左右の両端
            をつける

D  肉を包むようにして
    つまむ              つまむ

E                      重ねる
```

● ワンタンの包み方

③ 鶏がらまたは固形スープを 800 m*l* の水に溶かし，鶏がらスープを作る．

④ ③を沸騰させ，まずせん切りしたしょうがを茹で，続いて②のワンタンとこまつなも入れて茹でる．調味した後，盛り付ける．

point & study

- ワンタンは，皮のおいしさを賞味するものなので，肉あんを包むときに入れすぎないようにする．
- 豚ひき肉をたっぷり使用したワンタンは，ふんわりした舌触りでおいしさを感じる．
- 鶏がらのスープとかつおのスープは市販品でもよいが，自らとったものであればさらによい．

4 肉包子（肉まん）

材料	分量（1人分）	●人分重量（g）
小麦粉（中力粉）	37.5 g	
水	20.5 m*l*（小麦粉の55％）	
砂糖	1 g	
食塩	0.25 g	
ドライイースト	0.9 g	
バター	1.1 g	
具		
豚ひき肉	37.5 g	

はくさい （またはキャベツ）	37.5 g	
しょうが汁	5 ml	（肉と野菜の 6.7 %）
しょうゆ	5 ml	（肉と野菜の 6.7 %）
酒	1 ml	（肉と野菜の 1.3 %）
ごま油	1 ml	（肉と野菜の 1.3 %）
塩	1 g	（肉と野菜の 1.3 %）
うま味調味料	1 g	（肉と野菜の 1.3 %）

■ 作り方

① 水に砂糖を溶かし，ドライイーストを入れ，10〜15 分おく．
② ①に塩，バター，小麦粉を入れ，こねる．
③ ぬれ布巾をかぶせ，30〜60 分発酵させる（容積が 2 倍ほどに膨らむ）．
④ はくさいは，みじん切りにしてから塩もみし，脱水させる．
⑤ 肉まんに入れる中身を合わせる．豚ひき肉，④を入れこねる．しょうが汁，しょうゆ，酒，ごま油，食塩を加えてよくこねる．
⑥ 発酵した生地に⑤を包み，再度ぬれ布巾をかぶせ，5〜10 分程度再発酵をする．
⑦ 蒸し器に肉まんの大小を見て入れ，蒸気が出てから 10〜15 分間蒸す．

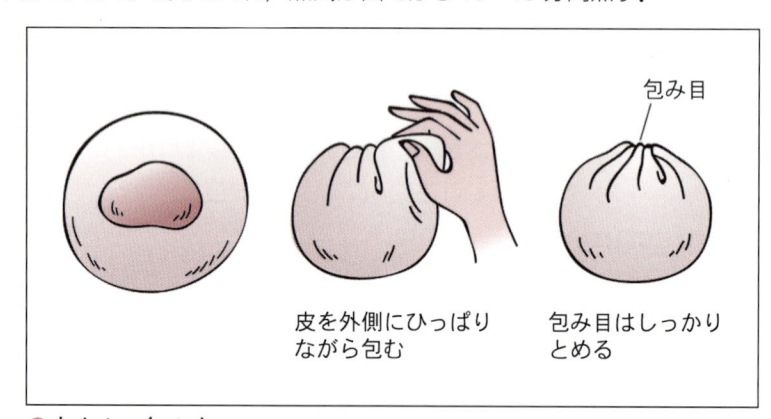

包み目

皮を外側にひっぱり
ながら包む

包み目はしっかり
とめる

● 肉まんの包み方

point & study

- イーストの使用量は，生イーストでは粉の 3〜4 %，ドライイーストでは 2 % 程度がよい．
- 発酵

(1) イーストを十分発酵させるには，温度（最適温度 35〜40℃），湿度（最適湿度 75〜80 %），栄養（小麦粉中のたんぱく質と砂糖の糖分）の三条件を満たすことがたいせつである（予備発酵をして用いるとよい）．

(2) 生地をよくこねることでグルテンを形成させ，イーストのアルコール発酵によって生ずる CO_2 を抱合させる．

(3) 第一次発酵では体積が約 2〜3 倍に膨張する．発酵中は表面の乾燥を防ぐために，ぬれ布巾などで覆う（ぬれ布巾が乾燥しないように注意する）．

(4) ガス抜き操作は，生地内外の温度を均一にして発酵速度を平均化させる．また，気泡を小さくして，すだちを細かく均一にする．

(5) 第二次発酵では放置中や加熱中に胞子が膨張するので，間隔をあけて並べる．

●蒸す時間は十分に蒸気が上がってから蒸す．蒸し時間は強火で12〜15分程度である．

栄養量（1人分）

料理名	エネルギー (kcal)	たんぱく質 (g)	脂質 (g)	炭水化物 (g)	食物繊維総量 (g)	食塩相当量 (g)
涼拌芹菜豆芽	18	1.1	0.8	2.3	1.1	0.8
果粒蝦仁	247	18.5	14.9	12.4	1.0	0.6
餛飩湯	155	9.0	5.6	15.6	1.1	1.4
肉包子	294	11.2	12.1	32.0	1.9	2.2
合計	714	39.8	33.4	62.3	5.1	5.0

応用

●餛飩湯のバリエーション
  (1) 炸餛飩（チャアホウントウン）：油で揚げ，スープに入れたり，スープをかけたもの．
  (2) 蝦仁餛飩（シャレンホウントウン）：猪肉餛飩に芝えびを加えたもの．またはえびのすり身を入れたもの．
  (3) 又焼餛飩（チャアシアホウントウン）：薄切りの焼き豚を碗の中に浮かせたもの．
  (4) 餛飩麺（ホウントウンミエン）：碗の中に餛飩と麺を入れたもの．
    その他，のりやザーサイなども用いる．

●肉包子のバリエーション
  (1) 具の材料は好みのものを用いるとよい：えび，ザーサイ，高菜，のりなど．
  (2) 具をあんこ，エビチリ，豚の角煮，八宝菜などにし，皮で包んでもよい．

MEMO

中国料理：実習 22

menu

1. 蝦仁吐司（シャーレントウースー）（えびトースト揚げ）
2. 冷拌黄瓜（レンパンファンクァー）（きゅうりの冷し和え物）
3. 豆腐蛤蜊羹（トウフハリークォン）（豆腐とはまぐりのスープ）
4. 餃子・鍋貼（チャウツ クォーテイ）（焼きぎょうざ）
5. 西貢米凍（シーコンミートン）（タピオカココナッツミルク）

学習テーマ

- 芝えびの処理（すり身にする方法）
- トーストの揚げ温度
- はまぐりむき身の処理
- タピオカの茹で方

1 蝦仁吐司（えびトースト揚げ）

材料	分量（1人分）	●人分重量（g）
食パン	1/2 枚（サンドイッチ用）	
豚ひき肉	15 g	
芝えび	40 g	
卵白	豚肉＋えびの 14 %	
豚背油	豚肉＋えびの 7.2 %	
片栗粉	豚肉＋えびの 5.4 %	
食塩	豚肉＋えびの 1.2 %	
パセリ	1 枝	

■ 作り方

① 芝えびの殻をむき，むき身を包丁でたたき，豚ひき肉と合わせる．
② 豚背油を細かく刻み，①と混ぜ合わせ，食塩，卵白もいっしょに入れて合わせる．
③ 1/2 枚の食パンをさらに半分に切り，片栗粉をふり，②を等分に分けて食パンにのせ，均等に伸ばしておく．
④ パセリは小さくちぎり，③のすり身の上に飾りつける．
⑤ 170℃の揚げ油を用意し，すり身をのせている面から入れて揚げ，約1分後に返し，黄金色になるまで揚げる．

中国料理●実習 22

point&study
- えびのすり身と豚ひき肉に背油と卵白を加えることで，ふわふわのボリューム感が出る．
- 170℃の揚げ油にすり身のある部分から入れて揚げ，油切りでからっと仕上げるのがおいしくするこつである．

2 冷拌黄瓜（きゅうりの冷し和え物）

材料	分量（1人分）	●人分重量（g）
きゅうり	1/2本	
食塩（板ずり用）	1g	
かけ酢	きゅうりの25％	
しょうゆ	かけ酢必要量の47.0％	
酢	かけ酢必要量の39.0％	
砂糖	かけ酢必要量の4.0％	
ごま油	かけ酢必要量の9.5％	
赤とうがらし	かけ酢必要量の0.5％	

■ 作り方
① きゅうりを食塩で板ずりして乱切りに切っておく．
② 鍋にごま油を温め，赤とうがらしを炒め，酢，砂糖，しょうゆを入れてすぐ火を止め，その温かい調味液をきゅうりにかける．
③ 冷蔵庫に冷やしてから食べる．

point&study
- 温かい調味液は，きゅうりに早く味をしみ込ませ，また，冷やすことでよい歯ごたえが得られる．

3 豆腐蛤蜊羹（豆腐とはまぐりのスープ）

材料	分量（1人分）	●人分重量（g）
はまぐりのむき身	20g	
豆腐	1/4丁	
生しいたけ	1/2枚	
みつば	2.5g	
湯（スープ）		
水	150mℓ	
スープの素	水の0.8％	
しょうゆ	水の0.6％	
片栗粉	水の2.6％	
水	水の2.6％	
しょうが汁	水の1％	

■ 作り方

① むきはまぐりは水で洗い，豆腐は粗く乱切りした後，板ではさみ脱水させる．
② 生しいたけは短冊にし，みつばは2.5 cmの長さに切っておく．
③ スープを温め，むきはまぐり，豆腐，生しいたけを入れて少し煮る．
④ しょうゆを加え，水溶き片栗粉でとろみをつけてから火を止め，しょうが汁を入れる．

4 餃子・鍋貼（焼きぎょうざ）

材料	分量（1人分）	●人分重量（g）
小麦粉（中力粉）	50 g	
湯	25 ml（小麦粉の50%）	
食塩	0.25 g（小麦粉の0.5%）	
打ち粉	0.5 g（小麦粉の1%）	
具		
豚ひき肉	62.5 g	
キャベツ	62.5 g	
にら	10 g	
しょうが	5 g	
食塩	0.5 g（豚肉の0.4%）	
しょうゆ	1.5 ml（豚肉の1.1%）	
こしょう	少々	
ごま油	1 ml（豚肉の0.7%）	

■ 作り方

① 湯に食塩を溶かして小麦粉と合わせ，こねてドウを作り，ぬれ布巾をかぶせて10分間おく．

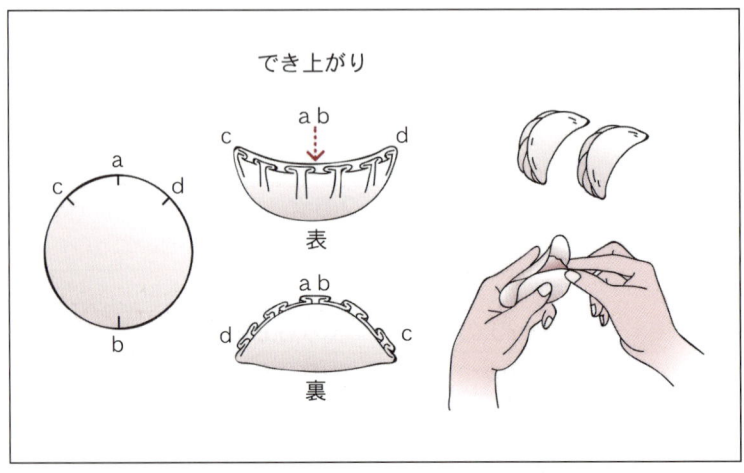

● **ぎょうざの包み方** 円周をb，c，dに等分し，cdの中心をaとし，bとくっつける．cd，bdに指を入れる感覚でひだをとりながら，ac，adに重ねて押さえる．

② キャベツ，にらをみじんに切りし，食塩で脱水した後，豚ひき肉，調味料を合わせておく．

③ のし板に打ち粉をし①のドウをのし板の上で直径2〜3 cmの棒状にのばし，2〜4個に切る．1個ずつ直径7〜8 cmの円形にのばし，これに②の中身を包む．

④ フライパンに油を熱して餃子を並べ，片側に焦げ目がついたら，大さじ1の水を入れて蓋をし，湯が蒸発するまでしばらく待つ．

⑤ でき上がったぎょうざに酢じょうゆを添えて，熱いところをすすめる．

point&study

● 餃子
蒸したものを蒸餃子（ジョンチャウーツ），鍋焼きにしたものを鍋貼餃子（グォテイエチャウーツ），茹でたものを水餃子（スイチャウーツ）という．

● 餃子，餛飩，焼売などの皮
(1) 小麦粉に含まれているたんぱく質の粘弾性，伸展性，可逆性を利用して作られ，強力粉や中力粉に50％の水を加えてこねると，粘弾性や伸展性が出てくるが，これは小麦粉中の粘りや弾性を示すグルテニンと，伸びややわらかさをもっているグリアジンの性質が絡み合って粘弾性と伸展性をもつグルテンを形成するためである．
(2) こねるとき使用する水の温度は，水餃子は水，蒸餃子はぬるま湯，鍋貼餃子は熱湯を用い，耳たぶのかたさにこねる．
(3) 生地を伸ばすときは，打ち粉に片栗粉や小麦粉を使用するが，生地の使用目的によって使い分ける．片栗粉は薄膜状に皮の表面を覆うので，皮と皮がねばりにくい．餃子のように皮の中に具を包み込むときには，皮と同種の小麦粉を使用すると作りやすい．
(4) 餛飩，焼売の皮は，餃子の皮をさらに薄く伸ばしたものである．

● ドウのかたさは耳たぶのやわらかさが目安である．ドウを伸ばしてすぐ中身を包むことが重要で，また，包んでからすぐに焼くこともおいしく食べる要素のひとつである．

5 西貢米凍（タピオカココナッツミルク）

材料	分量（1人分）	●人分重量（g）
タピオカ	16 g	
水	タピオカの50倍	
ココナッツパウダー	10 g	
水	100 ml	
砂糖	20 g	

■ 作り方

① 鍋にタピオカの50倍の水を沸かし，沸騰した後，タピオカを入れて茹でる．
② タピオカの色が透明になったところで火を止め，タピオカをざるに上げる．
③ 鍋に水100 mlを沸かし，砂糖を入れて溶かし，ココナッツパウダーを入れてから茹でたタピオカを加え，容器に入れて冷やして食べる．

point&study

● タピオカ
キャッサバの塊根から作ったデンプンで，加工品には，直径3〜6 mmの球状のタピオカパール，さらに小さいタピオカシード，切片状に乾燥させたタピオカフレーク，微細粉にしたタピオカフラワーなどが

ある．料理には主にタピオカパールが用いられる．

- **タピオカの茹で方**

タピオカの大小により茹でる方法が異なる．大きいタピオカは茹で時間がたいへん長いので，一般的には沸騰したお湯で2分ほど茹でてから30分間蓋をしたままで放置する．タピオカの中央に芯が残るようであれば，2分間沸騰後火を止め，蓋をしたままで放置する，この繰り返しの調理操作で透明なタピオカが得られる．

栄養量（1人分）

料理名	エネルギー (kcal)	たんぱく質 (g)	脂質 (g)	炭水化物 (g)	食物繊維総量 (g)	食塩相当量 (g)
蝦仁吐司	190	12.6	10.6	9.7	0.5	1.0
冷拌黄瓜	24	1.0	1.1	3.0	1.0	0.7
豆腐蛤蜊羹	64	6.0	2.2	4.9	0.5	0.7
餃子・鍋貼	359	16.7	12.7	41.8	2.9	1.0
西貢米凍	200	0.6	6.6	36.3	1.5	0.0
合計	837	36.9	33.2	95.6	6.4	3.4

応用

- **餃子のバリエーション**

蒸餃子，水餃子にしても楽しめる．また，具の材料は，はくさい，えび，しそなど，好みのものを用いてもよい．

- **タピオカココナッツのバリエーション**

好みにより，季節の果物を入れたり，色つきのタピオカを用いると彩りもよい．

MEMO

各国料理

実習 23（地中海料理）
・ラタトゥユ
・エリンギのスパゲティ
・鶏もも肉の香草焼き
・ガスパッチョ

実習 24（スペイン料理）
・トマトの前菜
・エジプト豆の煮込みスープ
・えびのマリネ
・パプリカのサラダ
・チュロス

実習 25（タイ料理）
・ポピア・ユアン・ソッド
・ソム・タム・タイ
・パップン・ファイデーン・ムー
・トム・ヤム・クン

Ethnic

23 各国料理：実習 — 地中海料理

menu
1. ラタトゥユ
2. エリンギのスパゲティ
3. 鶏もも肉の香草焼き
4. ガスパッチョ

学習テーマ
- 野菜の切り方
- 乾麺の茹で方
- ハーブについて
- 野菜の冷たいスープ

1 ラタトゥユ

材料	分量（1人分）	●人分重量（g）
なす	1/5 本	
ズッキーニ	1/5 本	
たまねぎ	20 g	
ピーマン（緑・赤・黄）	各 10 g	
トマト	1/2 個	
にんにく	5 g	
赤ワイン	15 ml	
タイム	1/4 本	
ローリエ	1/4 枚	
パセリ	1/4 本	
オリーブ油（にんにく用）	5 ml	
オリーブ油（野菜炒め用）	10 ml	
調味料		
ブイヨンキューブ	1/4 個	
食塩	適量	
こしょう	適量	

■ 作り方

① なすとズッキーニは1cmくらいの輪切りにし，それぞれ水にさらしておく．た

まねぎはくし切り，トマトは湯むきしてくし切り，ピーマン（パプリカ）はへたと種を除いてから一口大に切る．

② 鍋にオリーブ油を熱して，薄切りにしたにんにくを炒め，香りが出たらたまねぎ，なす，ズッキーニの順番で次々に加えて炒める．

③ たまねぎがしんなりしてきたら，ピーマン，トマトを加え，全体に油がなじんだら赤ワインを入れて混ぜる．

④ ローリエ，タイム，パセリ，ブイヨンキューブを加えて強火にし，煮立ってきたら弱火にして 20〜30 分ほど煮込んで，食塩，こしょうで味を整えればでき上がり．

point&study

- **ラタトゥユ**
  野菜のトマト煮込みで，煮込む際には水を加えず，野菜の水分で煮るのが特徴である．使用する野菜は旬のものを用いるとよい．
- 冷たくなったラタトゥユを，フランスパンにのせて食べるのが最高である．色合いはあまりよくないが，冷たいパスタにのせてもおいしい．トマトは皮と種を除いて用いる．

2 エリンギのスパゲティ

材料	分量 (1人分)	●人分重量（g）
スパゲティ	50 g	
水	2,000 ml	
食塩	10 g	
アンチョビ	2.4 g	
エリンギ	36 g	
ほうれん草	10 g	
赤とうがらし	1.4 g	
にんにく	1 g	
オリーブ油	10 ml	
食塩	適宜	
こしょう	適宜	

＊エリンギの代わりにしめじでもよい．

■ 作り方

① パスタはたっぷりの湯に食塩を入れて茹でておく．

② ほうれん草を茹でておく．

③ フライパンにオリーブ油を引き，熱してからにんにく，赤とうがらしを炒める．

④ 次にエリンギを炒め，火が通ったら，アンチョビ，ほうれん草と茹でたパスタを加え，さらに炒める．

point & study

- パスタはかために茹でるとよい．エリンギ，アンチョビとほうれん草の調和した味と色合いを楽しめる．にんにくと赤とうがらしの辛味を生かしたパスタ料理である．

③ 鶏もも肉の香草焼き

材料	分量（1人分）	●人分重量（g）
鶏もも肉	150 g	
マリネ液		
ローズマリー	3 g	
レモン汁	3 ml	
食塩	0.5 g	
黒こしょう	少々	
オリーブ油	15 ml	
ローズマリー	1本	

■ 作り方

① 鶏のもも肉に，マリネ液がしみ込みやすいよう，皮目からフォークで刺し，穴をあける．
② ローズマリーのみじん切り，レモン汁，食塩，黒こしょう，オリーブ油を合わせてマリネ液を作り，肉と，肉にのせるローズマリーを30分ほど漬ける．
③ ②を170℃のオーブンで，20〜30分焼く．

point & study

- 香草の香りを鶏のもも肉に移し，マリネした潤いは肉にやわらかさを与える．

④ ガスパッチョ

材料	分量（1人分）	●人分重量（g）
完熟トマト	50 g	
たまねぎ	1/6個	
セロリ	1/8本	
きゅうり	1/4本	
ピーマン（赤・黄）	1/6個	
にんにく	1.5 g	
生パン粉	6 g	
アーモンドパウダー	3.7 g	
エクストラバージンオリーブオイル	7.5 ml	
白ワインビネガー	3.7 ml	

バルサミコ酢	1.5 mℓ
食塩	1 g
こしょう	少々
粉パプリカ	少々
ミントの葉	少々

■ 作り方

① トマトはヘタをくり抜いて熱湯に入れ，皮が破れたらすぐに冷水に取る．皮をむいてざく切りにする．

② きゅうりはヘタを落とし，ざく切りにする．

③ セロリは水洗いして筋を引き，ざく切りにする．

④ ピーマンは種とヘタを取り，水洗いして3つに切る．

⑤ たまねぎは皮をむき，半分に切る．

⑥ ①～⑤の材料をフードプロセッサにかけてからミキサーに入れ，粉パプリカとミントの葉以外の材料を入れ，ペースト状になるまで撹拌する．

⑦ ⑥を器に注ぎ，粉パプリカをふり，ミントの葉を飾る．

＊ピリッとさせたい場合はチリパウダーまたはタバスコを加える．

point&study

●**ガスパッチョ**

さまざまな野菜と生パン粉または食パン，アーモンドパウダー，にんにく，オリーブ油，白ワインビネガーとバルサミコ酢などをミキサーにかけ，とろみをつけたスープである．

栄養量（1人分）

料理名	エネルギー (kcal)	たんぱく質 (g)	脂質 (g)	炭水化物 (g)	食物繊維総量 (g)	食塩相当量 (g)
ラタトゥユ	162	1.6	12.3	9.4	2.2	0.8
エリンギのスパゲティ	282	8.2	9.5	40.6	3.6	0.9
鶏もも肉の香草焼き	251	16.6	19.2	0.2	0.0	0.6
ガスパッチョ	166	3.9	13.3	15.6	3.0	1.6
合計	861	30.3	54.3	65.8	8.8	3.9

応用

●**ラタトゥユのバリエーション**

使用する野菜は旬のものを用いる．かぼちゃ，いんげんなども適する．

●**スパゲティのバリエーション**

エリンギは，しめじ，しいたけ，まいたけなどに代用できる．

●**鶏もも肉の香草焼きのバリエーション**

鶏肉の代わりに，かじきまぐろ，鮭，えび，豚肉などを用いてもよい．

24 各国料理：実習 スペイン料理

menu
1. トマトの前菜
2. エジプト豆の煮込みスープ
3. えびのマリネ
4. パプリカのサラダ
5. チュロス

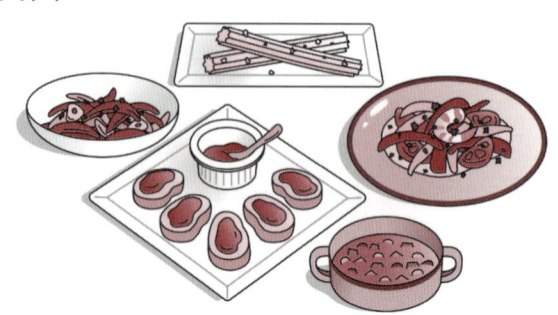

学習テーマ
- オリーブオイルの使い方
- トマトの皮のむき方
- 豆スープの扱い方

1 トマトの前菜　Pan con tomate

材料	分量（1人分）	●人分重量（g）
フランスパン	1/5本	
トマト	40g	
オリーブ油	トマトの30％	
食塩	トマトの1％	

＊フランスパンの代わりに食パンでもよい．

■ 作り方

① トマトは湯むきして，皮と種を除く．
② トマトをすり鉢に入れ，オリーブ油と食塩で調味し，なめらかになるまでする．
③ 食べる直前に，軽くトーストしたフランスパンに塗る．

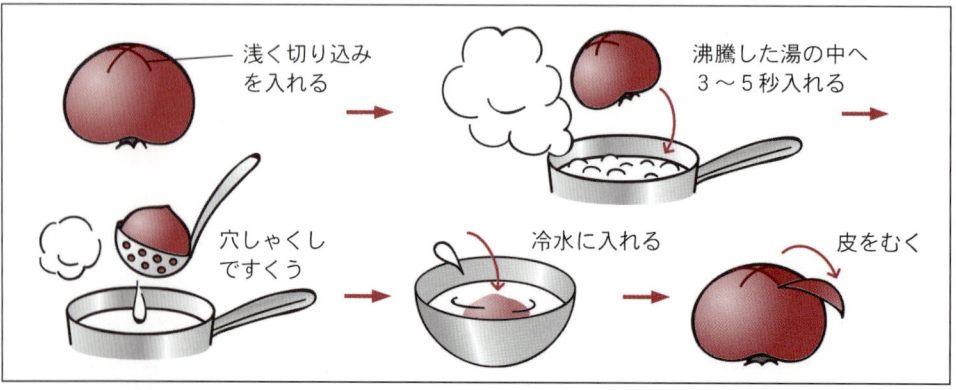

- 浅く切り込みを入れる
- 沸騰した湯の中へ3〜5秒入れる
- 穴しゃくしですくう
- 冷水に入れる
- 皮をむく

● トマトの湯むきのし方

2 エジプト豆の煮込みスープ　Garbanzos en puchero

材料	分量（1人分）	●人分重量（g）
エジプト豆（ひよこ豆もどし）（または白えんどう豆）	20 g	
ベーコン（塊）	50 g	
トマト	40 g	
たまねぎ	40 g	
にんにく	2.4 g	
オリーブ油	4.6 g	
サラミソーセージ	10 g	
固形スープの素	1.4 g	
パセリの茎	1 g	
ローリエ	0.2 g	
パプリカ（粉）	0.4 g	
水	100 g	
食塩	適量	
オレガノ	少々	
クミン	少々	
こしょう	少々	

＊エジプト豆がない場合には，大豆の水煮でもよい．

■ 作り方
① エジプト豆は水に一晩漬けておく．
② 野菜類は角切りに，ベーコン，サラミは一口大に切る
③ オリーブ油を熱し，にんにくとたまねぎを炒め，サラミソーセージ，ベーコンを炒める．
④ トマトを加えてさっと炒め，固形スープの素，パセリの茎，ローリエ，パプリカを加え，ひたひたの水を加えて煮る．
⑤ 食塩，オレガノ，クミン，こしょうで味を整える．

point & study

● **エジプト豆（ガルバンソー）**
通称"ひよこ豆"といわれ，豆に突起があり，ひよこの姿に似ていることから呼ばれるようになったといわれている．カレーやスープ，サラダのトッピングに用いられる．

3 えびのマリネ　Gambas a la marinera

材料	分量（1人分）	●人分重量（g）
えび	1尾	
オリーブ	1個	

材料	分量
たまねぎ	10 g
トマト	10 g
黄パプリカ	10 g
赤パプリカ	10 g
パセリ	少々
マリネ液	材料の 10 %
ブランデー	マリネ液の 21 %
バルサミコ酢	マリネ液の 21 %
オリーブ油	マリネ液の 54.5 %
食塩	マリネ液の 3.5 %

■ 作り方

① マリネ液を作る．ブランデー：バルサミコ酢：オリーブ油＝1：1：3で合わせたものを8時間寝かせておき，食塩で味を調節する．
② えびは殻と背わたを除いて茹でる．
③ オリーブは種を除いて2つ割にする．
④ 野菜類は短冊切りに切る．
⑤ ②～④を①のマリネ液に漬け込む．

4　パプリカのサラダ　Pimentos ajillo

材料	分量（1人分）	●人分重量（g）
赤パプリカ	40 g	
にんにく	赤パプリカの 3.75 %	
オリーブ油	赤パプリカの 12.5 %	
食塩	適量	

■ 作り方

① 赤ピーマンはオーブンで220℃で15～20分焼いてから皮をむく．
② にんにくは薄切りにする．
③ オリーブ油を熱してにんにくを炒め，赤ピーマンにかける．
④ 食塩で味付けする．

5　チュロス　Churos

材料	分量（1人分）	●人分重量（g）
薄力粉	20 g	
食塩	薄力粉の 2.5 %	
牛乳	薄力粉の 150 %	

卵	薄力粉の25％
シナモンシュガー	適量
揚げ油	適量

■ 作り方

① 鍋に牛乳と食塩を入れて温め，薄力粉に回しながらかけてまとめる．
② ①に溶き卵を加え，均一に混ぜる．
③ ②を絞り袋に入れ，160～170℃に熱した油の中に絞り出す．
④ きつね色に揚がったら，シナモンシュガーをかける．

point&study

- スペイン料理の特徴は，新鮮で味のよい野菜と，豊富な肉・豆などの組み合わせである．また，オリーブ油とにんにくの利用も格別である．

栄養量（1人分）

料理名	エネルギー(kcal)	たんぱく質(g)	脂質(g)	炭水化物(g)	食物繊維総量(g)	食塩相当量(g)
トマトの前菜	191	4.0	8.6	24.4	1.4	0.9
エジプト豆の煮込みスープ	290	9.3	23.2	11.1	3.2	1.8
えびのマリネ	68	4.8	3.8	3.2	0.7	0.3
パプリカのサラダ	60	0.5	5.1	3.3	0.7	0.5
チュロス	147	3.3	7.0	16.6	0.5	0.5
合計	756	21.9	47.7	58.6	6.5	4.0

応用

- **エジプト豆の煮込みスープのバリエーション**

  ベーコン，サラミソーセージの代わりに鶏肉などの使用も可能である．手に入りにくい香辛料は，パセリ，ごぼう，れんこん，だいこんなどで代用してもおいしくできる．

- **えびのマリネのバリエーション**

  えびだけでなく，いか，ほたて，ムール貝，あさりなどを用いてもよい．

- **チュロスのバリエーション**

  (1) 生地にココアパウダーを入れ，ココア味にすることができる．
  (2) シナモンシュガーの代わりに，ココアやきなこをかけたり，チョコレートコーティングするなど，トッピングを楽しむのもよい．

各国料理：実習 タイ料理 25

menu
1. ポピア・ユアン・ソッド（生春巻き）
2. ソム・タム・タイ（青パパイアのサラダ）
3. パップン・ファイデーン・ムー（空芯菜と豚肉の炒め物）
4. トム・ヤム・クン（辛味と酸味の効いたえびのスープ）

学習テーマ
- ライスペーパーの扱い方
- 青パパイヤの扱い方
- スパイスとハーブの扱い方

1 ポピア・ユアン・ソッド（生春巻き）

材料	分量（1人分）	●人分重量（g）
ライスペーパー	2枚	
もやし	30g	
きゅうり	20g	
豚もも肉薄切り	20g	
えび	2尾	
パクチーの葉（好み）	適量	
スイートチリソース	適量	

■ 作り方
① ライスペーパーを水に約1分入れて取り出し，余分な水はふき取る．
② きゅうり，豚肉はせん切りにする．
③ えびは殻付きのまま茹で，殻と背わたを取る．
④ もやし，豚肉は茹でる．
⑤ 材料をライスペーパーで春巻きのように巻く．
⑥ 皿に盛り付けてパクチーの葉を飾り，チリソースを添える．

point & study

- **ライスペーパー**
  米を原料に薄いシート状に加工し，乾燥させたものである．タイ料理，ベトナム料理では生春巻きの具を包むために用いられる．使用するときは水で戻すか，さっと蒸すが，薄いライスペーパーの場合は，手の指先に水をつけて，なでるようにしながら戻す．
- パクチーの葉の代わりにみつば，茹でた青い野菜を使用してもよい．

各国料理●実習 25

● スイートチリソースの代わりにトマトケチャップに砂糖少々を加え，辛味は赤とうがらしの粉末などを使用してもよい．

2 ソム・タム・タイ（青パパイアのサラダ）

材料	分量（1人分）	●人分重量（g）
未熟パパイア	50 g	
干しえび（干し桜えびでも可）	1.2 g	
ピーナッツ	2 g	
にんにく	0.2 g	
トマト	8 g	
プリック・キー・ヌー（青とうがらし）	1/2 本	
マナオ汁（レモン汁でも可）	15 g	
ナンプラー	7 g	
付け合わせ		
レタス	20 g	

■ 作り方

① パパイアをせん切りにし，約10分水に浸しておく．にんにくは極みじん切りにしておく．
② 干しえびをぬるま湯でもどし，その後，フライパンやレンジ600W1分ほど熱をかけてからみじん切りにする．
③ ピーナッツを細かくつぶす．
④ すり鉢でプリック・キー・ヌーをつぶし，トマトを加えてさらにつぶす．
⑤ ④にパパイア，干しえび，にんにくを入れてよく混ぜ合わせる．
⑥ ⑤にナンプラーとマナオ汁を加えて味を整え，そこにピーナッツを入れてよく混ぜ合わせる．
⑦ レタスを敷いた皿に盛り付ける．

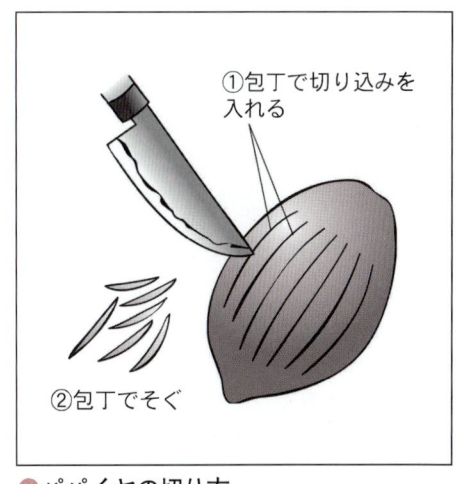

●パパイヤの切り方
（①包丁で切り込みを入れる／②包丁でそぐ）

point&study

● プリック・キー・ヌー
タイ語で「ねずみの糞のような」という意味の長さ2〜3cmのとうがらし．タイではとうがらしのこと

を"プリック"といい，プリック・キー・ヌーは辛さがとくに強烈であるので，扱いに注意する．
- ●マナオ
  タイのライムのことで，タイ料理でマナオは酸味と香りをつけるのに欠かすことのできない食材．
- ●ナンプラー
  タイで用いられる魚醬油で，タイ料理には欠かすことのできない調味料である．日本では，しょっつる（秋田），いしる（金沢），いかなごしょうゆ（香川）などがあり，ベトナムではニョクナムがある．良質のものほど色が薄く，透明度が高くなる．

③ パップン・ファイデーン・ムー（空芯菜と豚肉の炒め物）

材料	分量（1人分）	●人分重量（g）
空芯菜（よう菜）	50 g	
豚ひき肉	30 g	
プリック・キー・ヌー	2本	
にんにく	3 g	
シーユー・カオ（薄口しょうゆでも可）	7.2 g	
シーズニングソース	3 g	
オイスターソース	7.2 g	
水	6 g	
サラダ油	5 g	

■ 作り方

① 空芯菜は根元のかたい部分約2 cmを切り落とし，3〜4 cmの長さに切り，水につけてしゃきっとしておく．
② 空芯菜を油大さじ1で炒め，皿に盛り付けておく．
③ 残りの油でプリック・キー・ヌーとにんにくを炒め，さらに豚ひき肉を加え，水と調味料で味を整える．
④ ③を②の上にのせる．

point&study

- ●空心菜
  茎の下部がストローのように中空であることからこの名がついたといわれる．くせがなく，しゃきっとした歯触りがあり，葉先はやわらかい．タイ，ベトナムなど東南アジアではポピュラーな食材である．
- ●シーユー・カオ
  大豆から作るタイのしょうゆで，日本の薄口しょうゆに相当する．炒め物や煮物などの味付けに使用され，魚料理によく用いられる．

④ トム・ヤム・クン（辛味と酸味の効いたえびのスープ）

材料	分量（1人分）	●人分重量（g）
鶏がらスープ	200 mℓ	

えび	40 g
ふくろたけ	20 g
にんにく	2.4 g
Ⓐ ┌ コブミカンの葉	1枚
｜ ガランガル（カー）	1/2片
｜ レモングラス	1/2本
｜ プリック・キー・ヌー	1/2～1本
└ ナンプラー	6.5 g
マナオ汁	10 g
トムヤムペースト	2.4 g
パクチー	適量

※Ⓐの材料は入手しにくいので，トム・ヤム・クンのキット（乾燥したものの集まり）を代用してもよい．

■ 作り方

① えびの殻をむき，背わたを取っておく．にんじんはみじん切りにする．

② あたためたスープにⒶを入れ，2分ほど煮る．

③ ②にえび，ふくろたけ，にんにくを入れ，火が通るまで煮込む．

④ えびに火が通ったら，マナオ汁とトムヤムペーストで味を整える．

⑤ 器に盛り付け，好みでパクチーを散らす．

point & study

- **タイ料理の特徴は**，たくさんのハーブを使い，味は甘く，辛く，酸っぱく，そして塩辛い．食べる人自身の好みの味に合わせてよいので，調味料はテーブルにおいてある．また，たくさんの料理を取り分けて食べる．
- **トム・ヤム・クン**
世界三大スープのひとつで，タイの代表的なスープ料理である．辛味と酸味が特徴で，えびや魚，野菜，きのこをたっぷりと入れる．"トム"は水で煮たもの，"クン"はえびを意味する．
- **ガランガル（カー）**
ショウガ科の植物で，日本では「南姜（なんきょう）」という．しょうがに似ているが，より香りが強く，トム・ヤム・クンの香りづけなどに用いられる．
- **レモングラス**
「香水がや」ともいわれ，葉や茎はレモンに似た香りと，やや青臭い香りがする．若葉や乾繰させた葉などがハーブとして用いられている．青い葉の部分はスープの香りづけに用いられる．

栄養量（1人分）

料理名	エネルギー (kcal)	たんぱく質 (g)	脂質 (g)	炭水化物 (g)	食物繊維総量 (g)	食塩相当量 (g)
ポピア・ユアン・ソッド	141	10.6	2.5	17.9	0.8	0.2
ソム・タム・タイ	43	2.5	1.1	7.1	1.6	1.1
パッブン・ファイデーン・ムー	143	7.6	10.3	4.6	3.3	2.1
トム・ヤム・クン	65	12.4	0.6	2.6	0.8	2.1
合計	392	33.1	14.5	32.2	6.5	5.5

付表1 野菜の切り方

種類	切り方	種類	切り方
輪切り		千六本	
小口切り		せん切り	
半月切り			かつらむき
いちょう切り		かつらむき	
くし形切り		かのこ(みじん)	0.5cm角
		あられ切り	0.7〜1cm角
色紙切り		さいの目切り	1〜1.5cm角
		角切り	2cm角以上
短冊切り		みじん切り	
拍子木切り			たまねぎの場合，縦半分に切って使う

種類	切り方	種類	切り方
乱切り（回し切り）		菊花切り	
駒の爪（えぼし切り）		蛇腹切り	反対側も同様に切る
そぎ切り		茶せんなす	ねじる
ささがき		梅花・桜花ききょう／ねじ梅（ねじり梅）／八重桜	わさび台
よりうど		筆しょうが　杵しょうが　木の葉しょうが　扇しょうが	筆　杵　木の葉　扇
面取り		しょうがの飾り切り	針しょうが／木の葉　桜
切り違い			
末広切り		地紙切り	

種類	切り方	種類	切り方
色紙 すみ切り 四半 そで うろこ 小爪	色紙／すみ切り／四半／そで（ばち）／うろこ／小爪	花うど （あやめうど）	→ → → スライス
ぼたんゆり根		鶴の子	六方むき
木の葉なんきん		亀甲切り	
らせん切り （雷干し）	箸で種を出す／きゅうりを回しながららせん状に切る	菊花切り	
蛇の目切り	くり抜く → 輪つなぎ(輪違い)		
手綱切り	→	唐草切り	斜めに切り目／縦にスライス／水に放つ
花れんこん	→ →	いかり防風	針で十文字にする／水に放つ
雪輪れんこん	→ →		
矢羽根れんこん	→ →	松笠くわい 亀甲くわい 鈴くわい	
手まりれんこん			
蛇籠れんこん	→ → →	相性結び ごぼう	→

付表2　魚のおろし方

種類	切り方	種類	切り方
尾頭付き	うろこを取る→えらを取る→内臓を出す i) 下身の腹より内臓を出す うろこかき ii) つぼぬき（きす，ひめます　など） 肛門を0.2〜0.3cm切る 腹を上にしておき，えらの上下を外して引き出すと，内臓がえらに続いてくる 魚の内臓を除いたら流水で腹の中をよく洗う	さしみ	皮を引く→中骨を取る→さくどり→つくる 骨抜き i) 平つくり ii) 引きつくり iii) 小角つくり iv) 頭つくり v) そぎつくり
頭を取る	i) 頭だけ取る 背開きや切り身にして焼魚，煮魚用にする ii) 胸びれと腹びれをつけて取る さしみや切り身に骨をつけないとき，頭をあらだきなどにするとき	切り身	i) つつ切り（さば，こいなど） ii) 二枚おろしや三枚おろしにしたものを切る 一文字切り　ささ切り（はね切り） 垂直に切る　斜めに切る iii) 行木切り 切身の角を整える 観音開き 詰め物をするとき
背開き	i) ii) 詰め物用（きす，ひめますなど） ひれを切りとり尾ひれは形を整える 背骨の両側に切り目を入れる 舟型になる　背骨を取る（はさみ）	結びきす	松葉おろし 半身 結びきす 一尾 背骨を取る 尾端を整える
二枚おろし 三枚おろし 五枚おろし （ひらめなど）	腹身をすく		

参考図書

1. 文部科学省 科学技術・学術審議会 資源調査分科会：日本食品標準成分表2015年版（七訂），2015．
2. 川端晶子編：フローチャートによる調理学実習．酒井書店・育英堂，1986．
3. 大羽和子・和田治子・渕上倫子・佐々木敦子・西崎純代・大倉聖子著：調理学実習．ナカニシヤ出版，1991．
4. 村山篤子・茂木美智子編著：レクチャー調理学実習．建帛社，1998．
5. 早坂千枝子・角野幸子編著：改訂調理学実習―献立と調理―．アイ・ケイコーポレーション，2004．
6. 三輪里子監修：あすの健康と調理―給食調理へのアプローチ―．アイ・ケイコーポレーション，2005．
7. 宮澤節子・太田美穂・浅野恭代編著：メニューコーディネートのための食材別料理集．同文書院，2002．
8. 玉川和子・口羽章子・木地明子著：臨床調理 第3版．医歯薬出版，2005．
9. 宗像伸子編著：カラー版一品料理500選 治療食への展開．医歯薬出版，1999．
10. 福場博保著：炊飯の科学．（財）全国米穀協会，1985．
11. 平野由希子著：ごちそうサラダとおかずのサラダ．成美堂出版，1999．
12. 日本料理技法．主婦の友社，1984．
13. 柳原一成著：NHK きょうの料理 和食 四季を楽しむ料理集．日本放送出版協会，1993．
14. 一流パティシエといっしょに美味しいケーキを作りたい．世界文化社，2003．
15. 日本調理科学会編：総合調理科学事典．光生館，1997．
16. 山崎清子・島田キミエ・渋川祥子・下村道子著：新版調理と理論．同文書院，2003．
17. 河野友美著：コツと科学の調理事典．医歯薬出版，2003．
18. 村山篤子・大羽和子・福田靖子編著：調理科学．建帛社，2002．
19. 川端晶子・畑明美著：Nブックス調理学．建帛社，2002．
20. 金谷昭子編著：食べ物と健康 調理学．医歯薬出版，2004．
21. 石松成子・鎹吉・外西壽鶴子編：NEW 基礎調理学．医歯薬出版，1999．

【著 者】

永 嶋 久美子
　　川村学園女子大学教授　博士（学術）

福 永 淑 子
　　文教大学教授　博士（学術）

一食献立による調理実習25　第2版　　ISBN978-4-263-70672-5

2007年 1月10日　第1版第1刷発行
2015年 1月10日　第1版第6刷発行
2016年 3月10日　第2版第1刷発行
2017年 1月10日　第2版第2刷発行

　　　　　　　　　　　　　　　著者　永嶋　久美子
　　　　　　　　　　　　　　　　　　福永　淑子
　　　　　　　　　　　　　　　発行者　大畑　秀穂
　　　　　　　　　　　　発行所　医歯薬出版株式会社

〒113-8612　東京都文京区本駒込1-7-10
TEL.（03）5395―7626（編集）・7616（販売）
FAX.（03）5395―7624（編集）・8563（販売）
　　　　　　　　http://www.ishiyaku.co.jp/
　　　　　　　　郵便振替番号 00190-5-13816

乱丁，落丁の際はお取り替えいたします．　　印刷・あづま堂印刷／製本・皆川製本所

© Ishiyaku Publishers, Inc., 2007, 2016. Printed in Japan

本書の複製権・翻訳権・翻案権・上映権・譲渡権・貸与権・公衆送信権（送信可能化権を含む）・口述権は，医歯薬出版（株）が保有します．

本書を無断で複製する行為（コピー，スキャン，デジタルデータ化など）は，「私的使用のための複製」などの著作権法上の限られた例外を除き禁じられています．また私的使用に該当する場合であっても，請負業者等の第三者に依頼し上記の行為を行うことは違法となります．

JCOPY ＜（社）出版者著作権管理機構　委託出版物＞

本書をコピーやスキャン等により複製される場合は，そのつど事前に（社）出版者著作権管理機構（電話03-3513-6969，FAX 03-3513-6979，e-mail:info@jcopy.or.jp）の許諾を得てください．